Lora S. Irish

Tiermotive aus aller Welt

60 Vorlagen für Laub- und Dekupiersäge

Leopold Stocker Verlag
Graz – Stuttgart

Umschlaggestaltung: DSR Werbeagentur Rypka GmbH, 8143 Dobl, www.rypka.at
Bildnachweis: Archiv der Autorin, Bildergalerie: D. Thomson Penman

Titel der Originalausgabe: Lora S. Irish: World Wildlife Patterns for the Scroll Saw. 60 Wild Portraits for Lions, Pandas, Koalas, Gorillas, and More, © by Lora S. Irish and Fox Chapel Publishing Company, East Petersburg/USA, 2002, ISBN 978-1-56523-177-1

Aus dem Englischen ins Deutsche übertragen von Dr. Claudia Tancsits

Bibliografische Information der Deutschen Nationalbibliothek
Die Deutsche Nationalbibliothek verzeichnet diese Publikation in der Deutschen Nationalbibliografie; detaillierte bibliografische Daten sind im Internet unter http://dnb.d-nb.de abrufbar.

Hinweis: Dieses Buch wurde auf chlorfrei gebleichtem Papier gedruckt. Die zum Schutz vor Verschmutzung verwendete Einschweißfolie ist aus Polyethylen chlor- und schwefelfrei hergestellt. Diese umweltfreundliche Folie verhält sich grundwasserneutral, ist voll recyclingfähig und verbrennt in Müllverbrennungsanlagen völlig ungiftig.

Auf Wunsch senden wir Ihnen gerne kostenlos unser Verlagsverzeichnis zu:
Leopold Stocker Verlag GmbH
Hofgasse 5/Postfach 438
A-8011 Graz
Tel.: +43 (0)316/82 16 36
Fax: +43 (0)316/83 56 12
E-Mail: stocker-verlag@stocker-verlag.com
www.stocker-verlag.com

ISBN 978-3-7020-1615-9

Sicherheitshinweis
Vorsicht beim Umgang mit der Dekupiersäge. Achten Sie stets auf Ihre Sicherheit. Beachten Sie bei der Verwendung von Oberflächenbehandlungsmitteln die Herstellerhinweise. Manche Öle sind selbstentzündlich.

Inhalt

Über die Autorin

Lora S. Irish gibt ihrer Kreativität mit verschiedensten Materialien Ausdruck. Textilien, Farbe und Holz sind nur einige davon. Jahrelang war sie als Kursleiterin bei einem renommierten Kunsthandwerkhändler und später als Design-Chefin bei einem großen Handarbeitswaren-Hersteller tätig. Die angesehene Library of Congress hat dreizehn Kunstwerke von Lora S. Irish als limitierte Druckwerke aufgelegt.

Derzeit ist Lora als freischaffende Künstlerin tätig und betreibt eine eigene Firma (Art Designs Studio). Öl- und Acrylgemälde sowie handgefertigte Schilder sind ihr Arbeitsschwerpunkt. Zusammen mit ihrem Ehemann Mike rief sie die Internetseiten *www.carvingpatterns.com*, die Vorlagen für Schnitzereien und andere Holzarbeiten präsentiert, sowie *www.muttart.com* ins Leben, auf der Loras Gemälde vorgestellt werden. Alle Vorlagen und Kunstwerke auf diesen Internetseiten sind Originalarbeiten von Lora S. Irish.

Lora hat bereits mehrere Bücher zu den Themen Dekupiersägearbeiten und Holzschnitzen veröffentlicht. Auch in ihren bisherigen Büchern spielen Darstellungen von Wildtieren eine wichtige Rolle.

Einleitung

Für Dekupiersägearbeiten sind Tiermotive ein besonders dankbares Sujet. Das gilt vor allem für Wildtiere mit ihren geschmeidigen Bewegungen, ihren charakteristischen Posen und markanten Umrissen. Durch die silhouettierte Darstellung lassen sich Muskeln, Fell und Federn besonders gut zur Geltung bringen. Die Vorlagen in diesem Buch sind vielseitig verwendbar – als Wandschmuck, als Dekor für ein zierliches Eckregal, für den Deckel einer Holzkassette und, und, und ...

Jeder Weltteil hat seine typische Fauna – man denke nur an das australische Känguru oder an den afrikanischen Gepard. Die folgenden Seiten bieten eine reiche Auswahl an Tierporträts, vom mächtigen Löwen bis zum drolligen Pandabären und vom heiligen Vogel Ibis bis zum spitzbübischen Katzenfrett. Hier findet jeder sein Lieblingstier!

Die Vorlagen können für sich allein genommen oder in eine größere Arbeit – etwa in ein Regal oder eine Wetterfahne – integriert werden. Blättern und überlegen Sie, welche Vorlagen sich am besten an Ihre Vorstellungen anpassen lassen. Manche Tiere, die besonders oft und besonders gern dargestellt werden, sind mehrmals vertreten, damit Sie genügend Variationsmöglichkeiten und Ansatzpunkte für Ihre kreativen Ideen vorfinden. Ihrer Phantasie sind keine Grenzen gesetzt! Ganz wichtig: Lassen Sie die Freude an der Arbeit nicht zur kurz kommen!

Wenn Sie grundlegende Informationen zum Arbeiten mit der Dekupiersäge brauchen, möchte ich Ihnen folgendes Werk empfehlen: John Nelson, Das große Buch der Dekupiersäge (Leopold Stocker Verlag, Graz 2014).

Lora S. Irish

Spaßmacher des Dschungels

(Pavian)

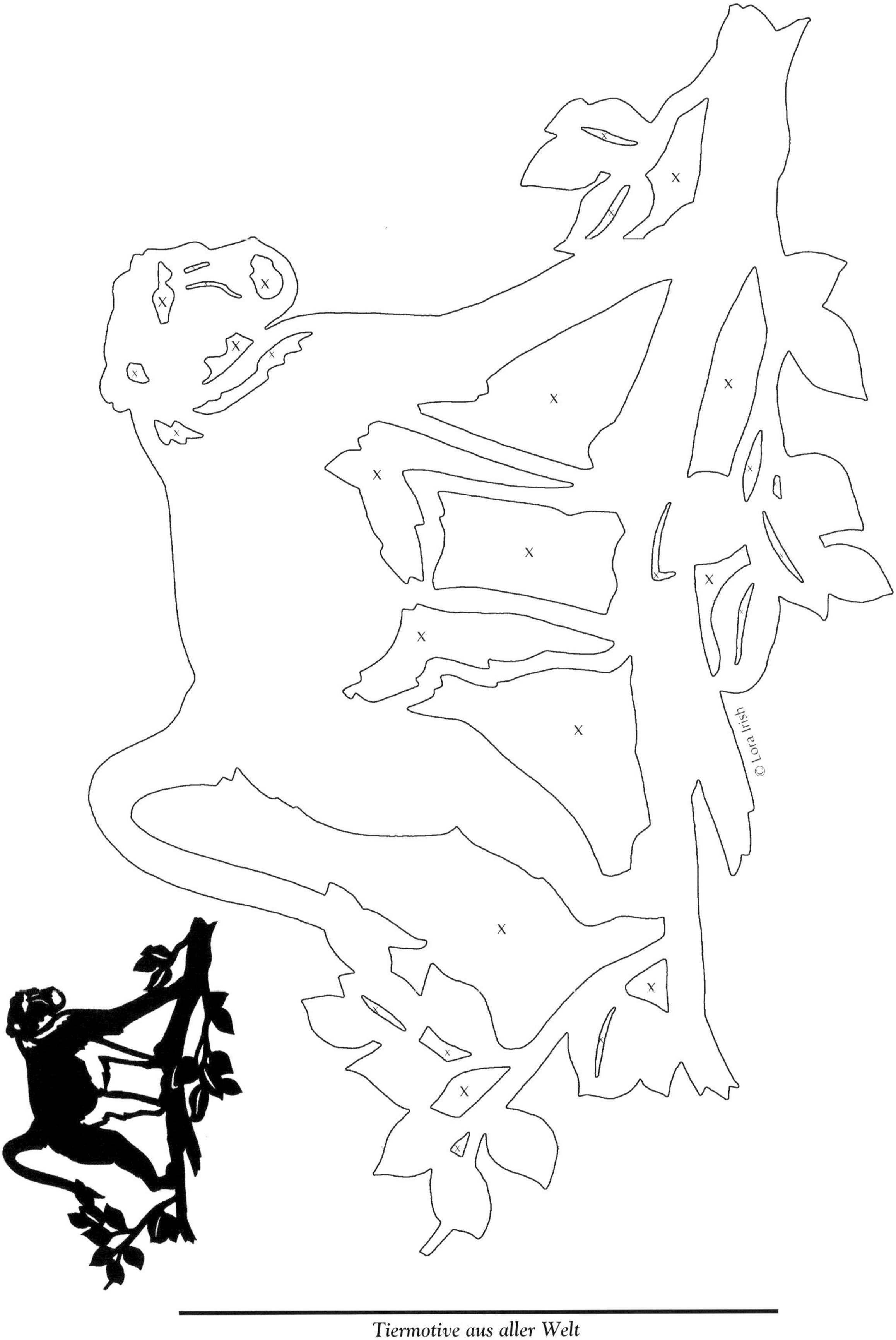

Ich sehe was, was du nicht siehst!

(Buschbaby/Galago)

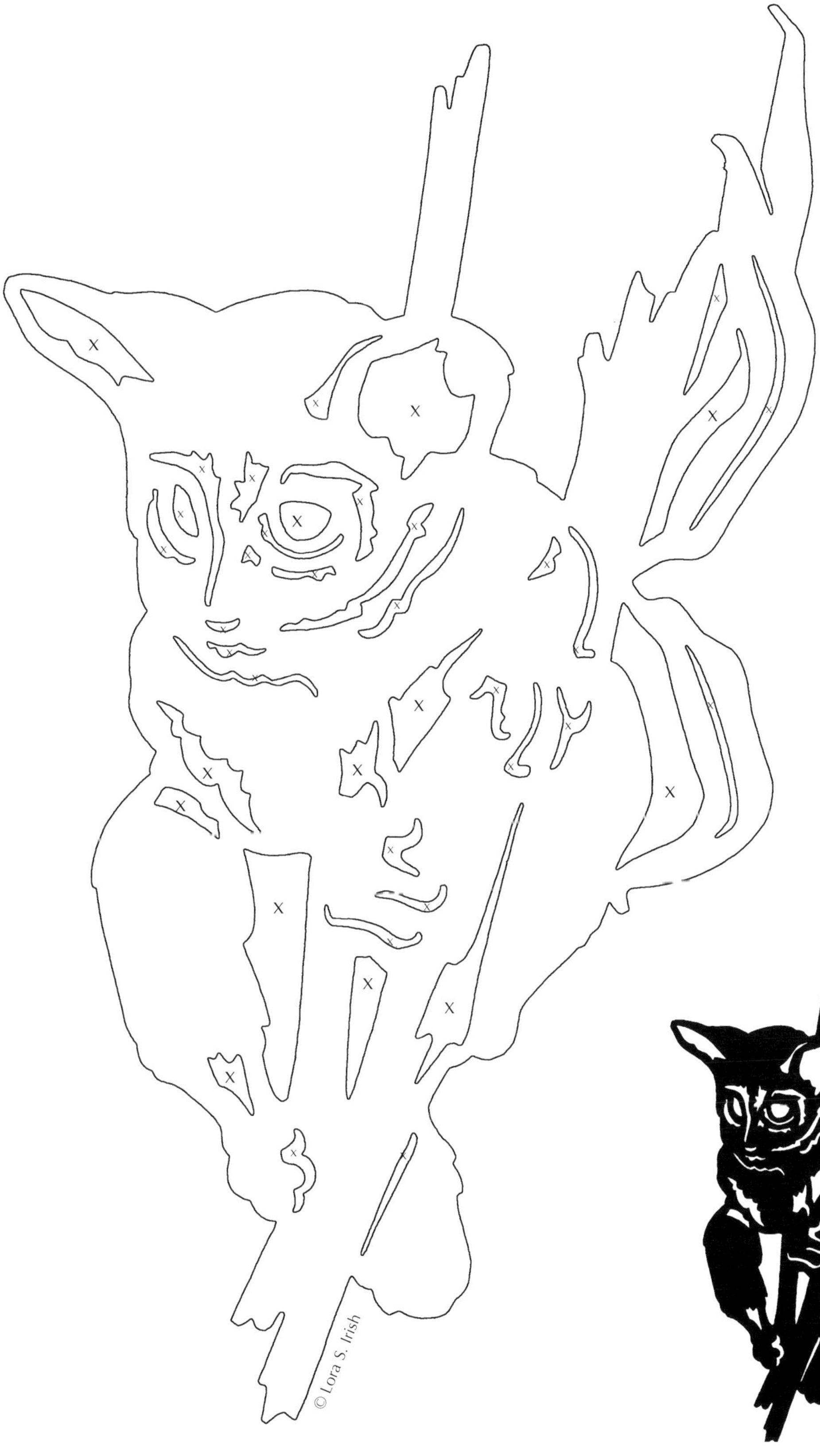

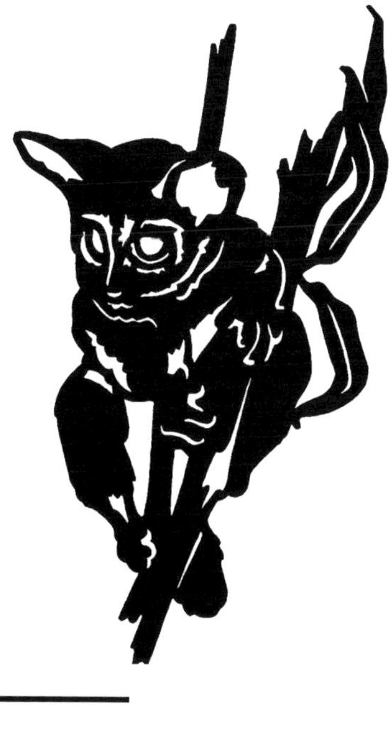

Wüstenschiff

(Kamel)

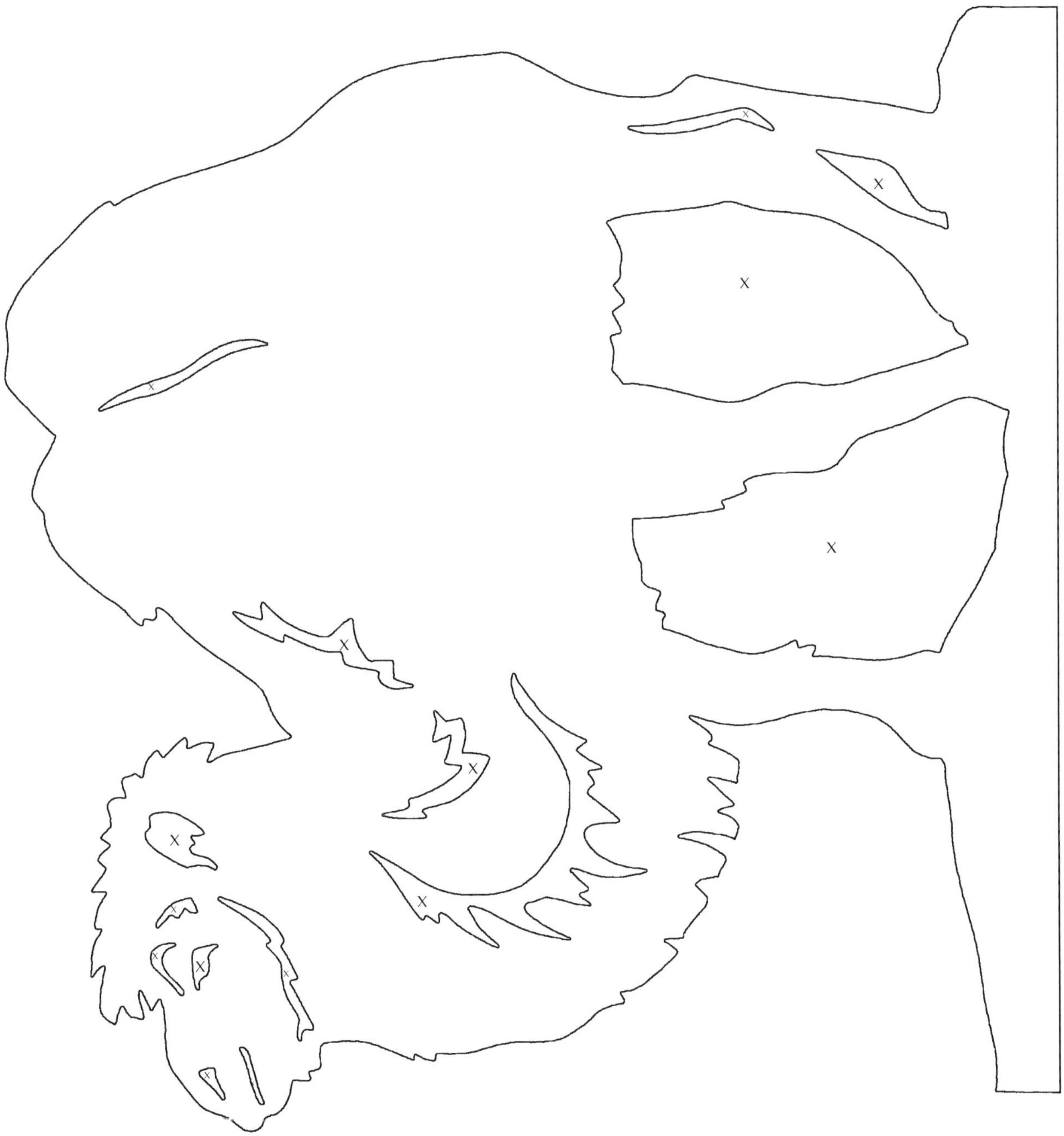

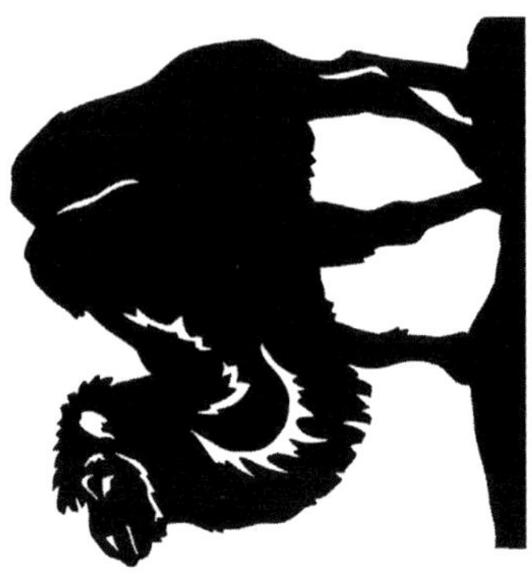

Ohren wie ein Luchs

(Karakal)

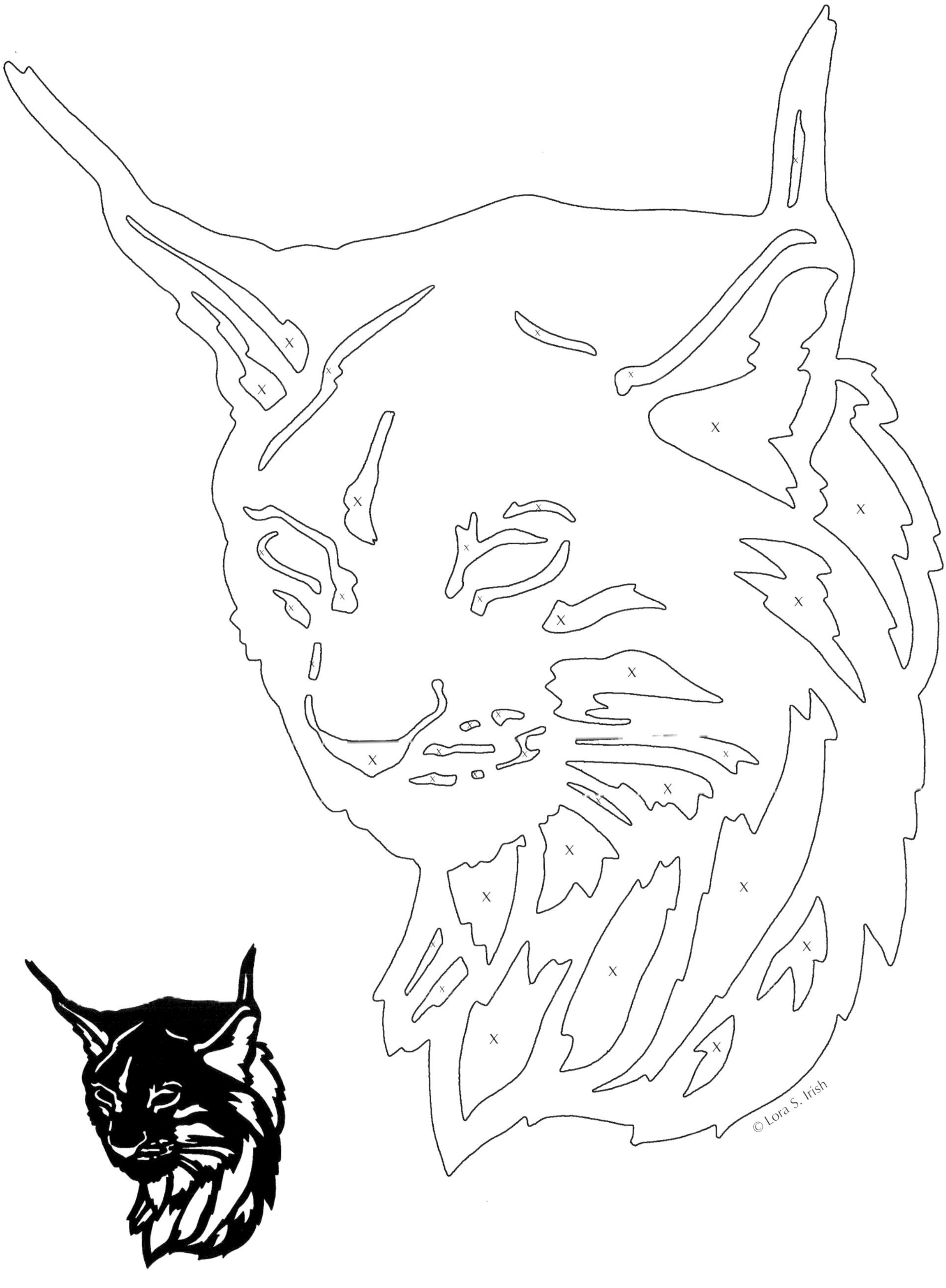

Der Jäger und seine Beute

(Gepard)

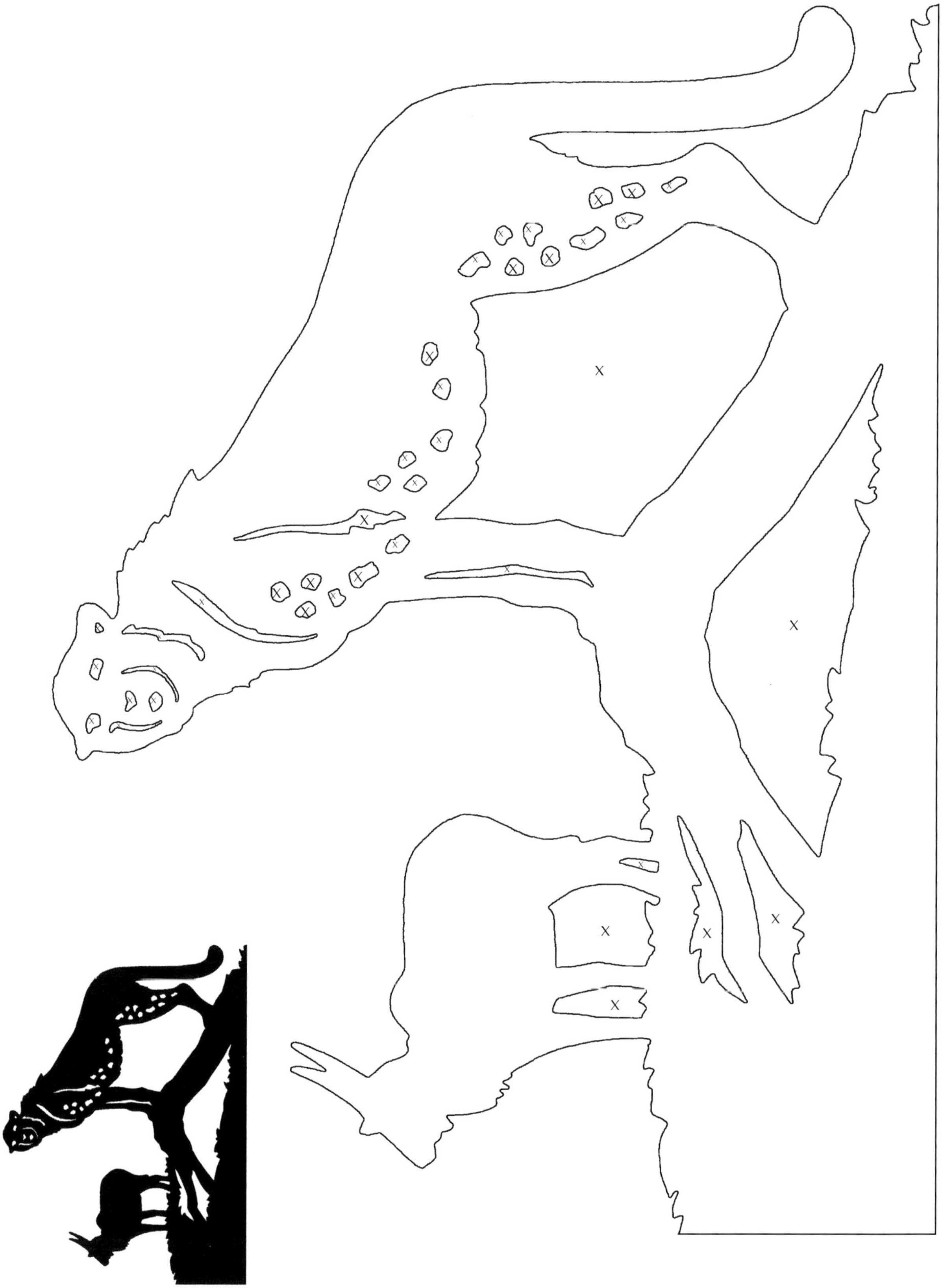

Volles Tempo

(Gepard)

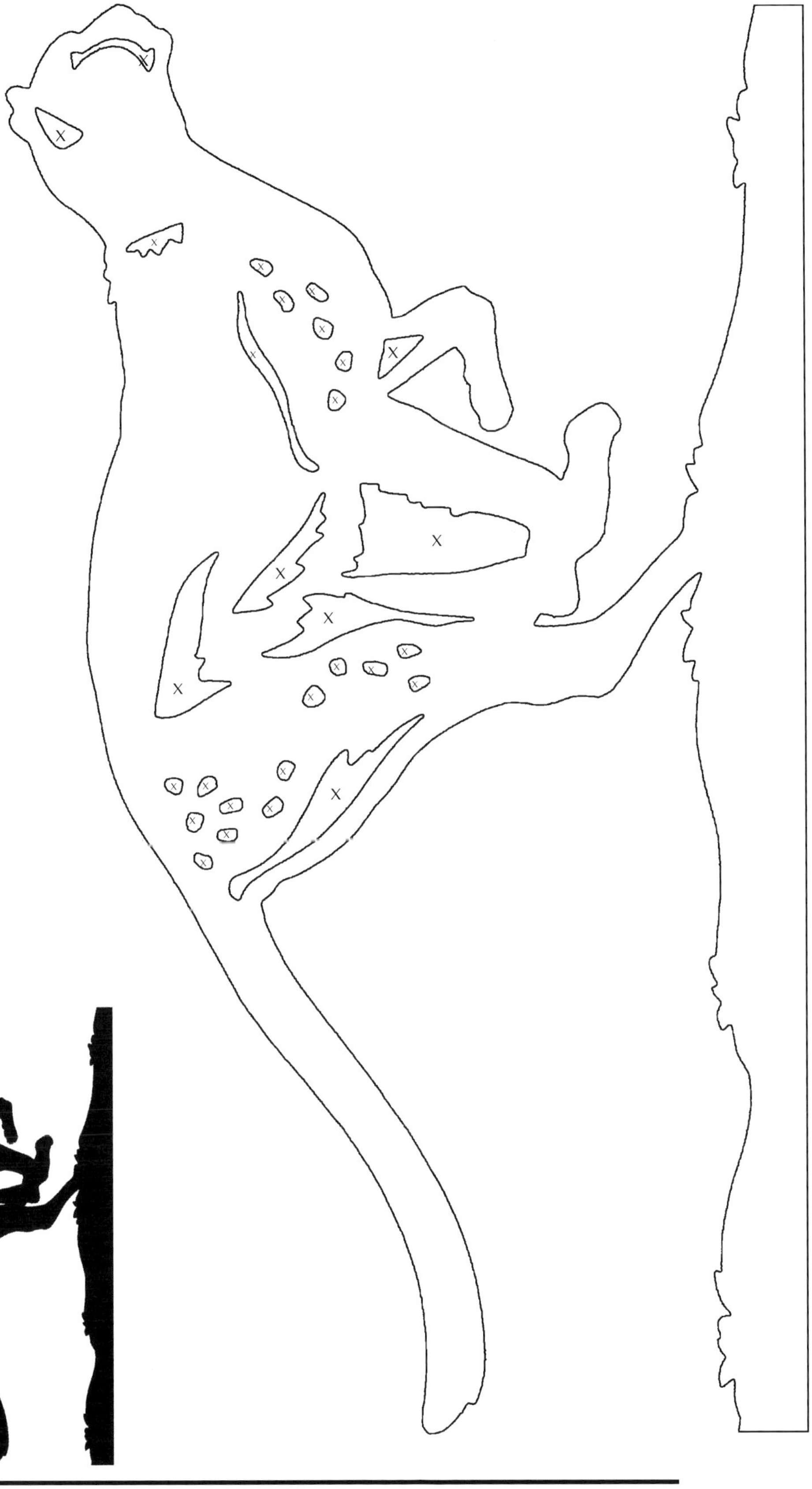

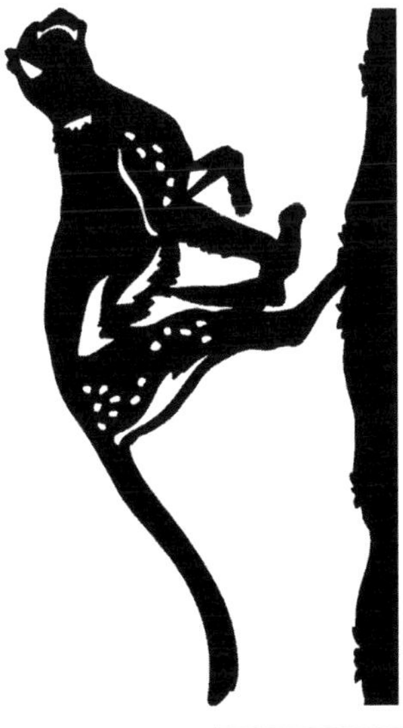

Wie bitte?

(Schimpanse)

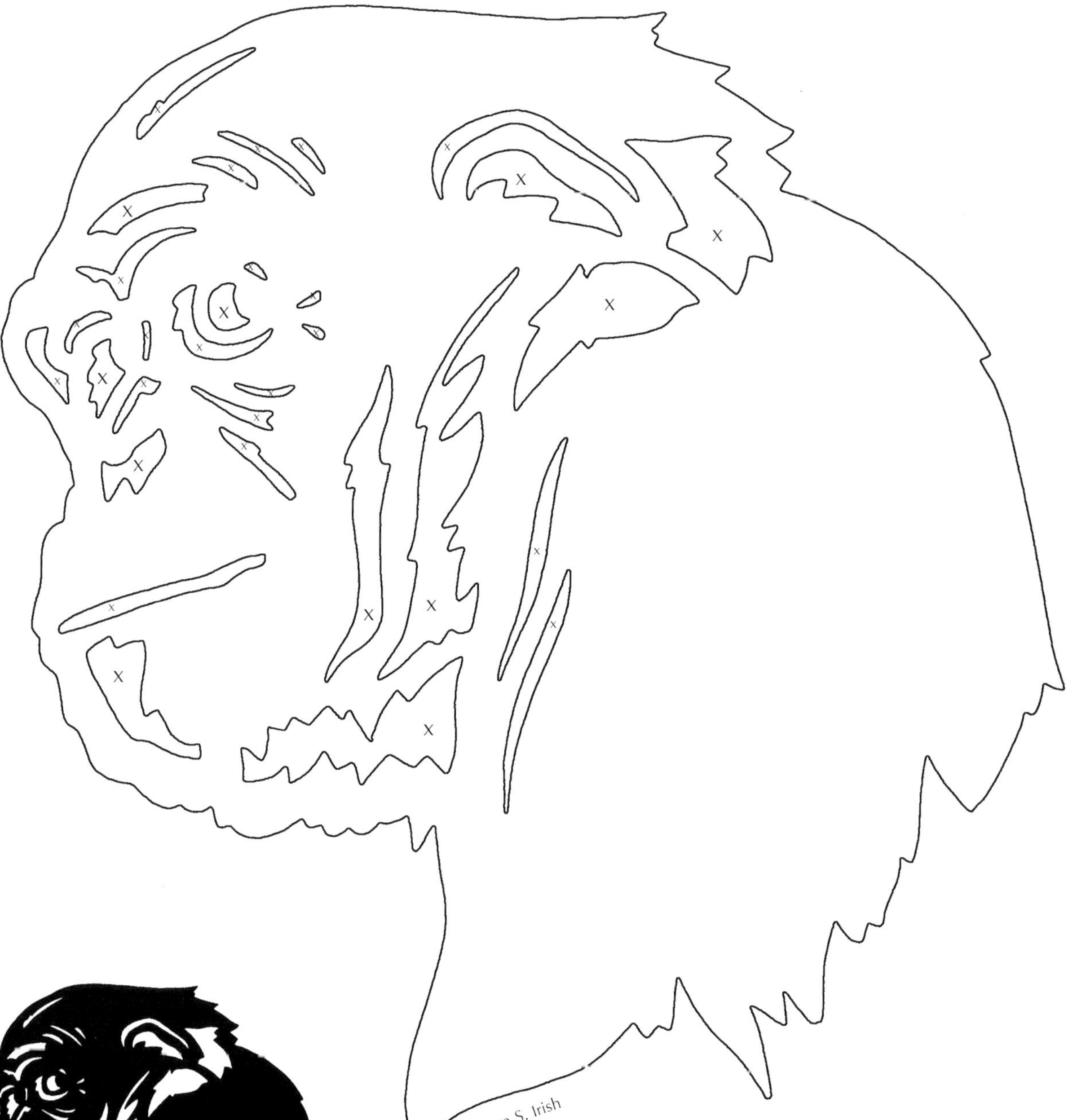

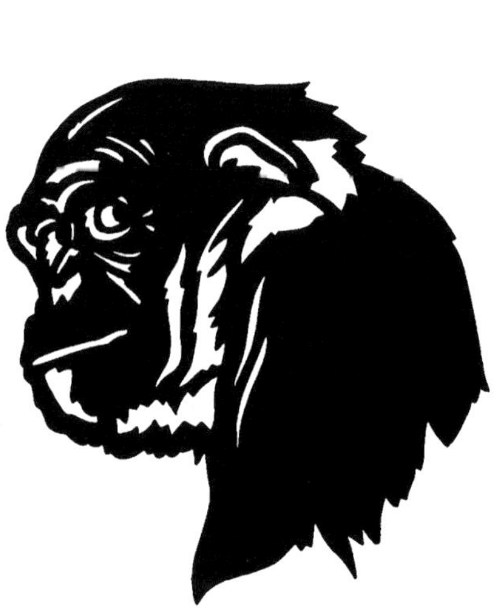

Edles Wild

(Riesen-Elenantilope)

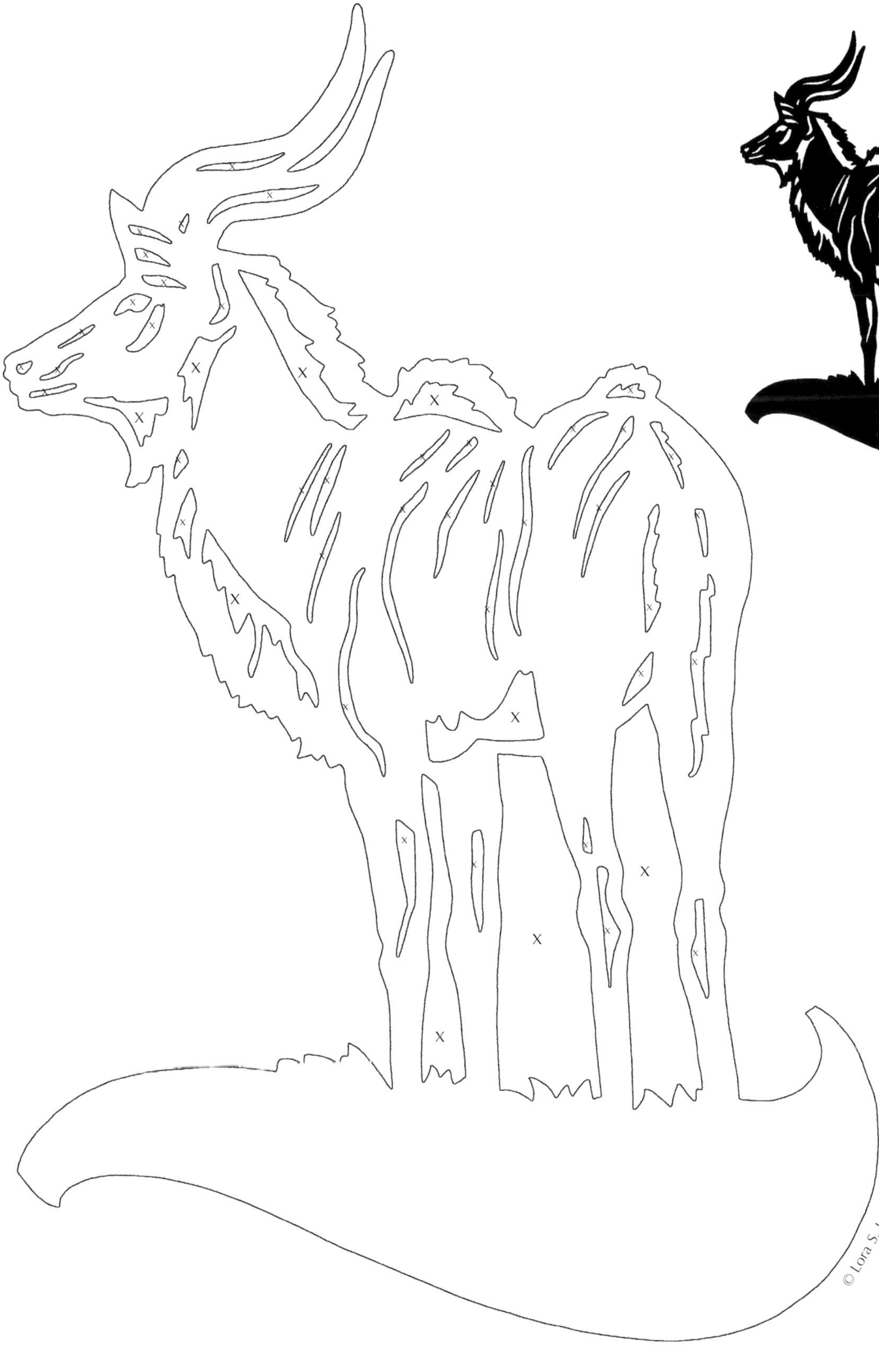

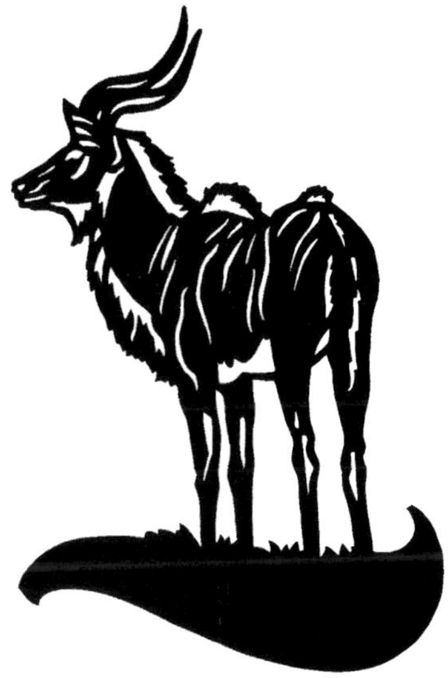

Wellenreiter

(Delfin)

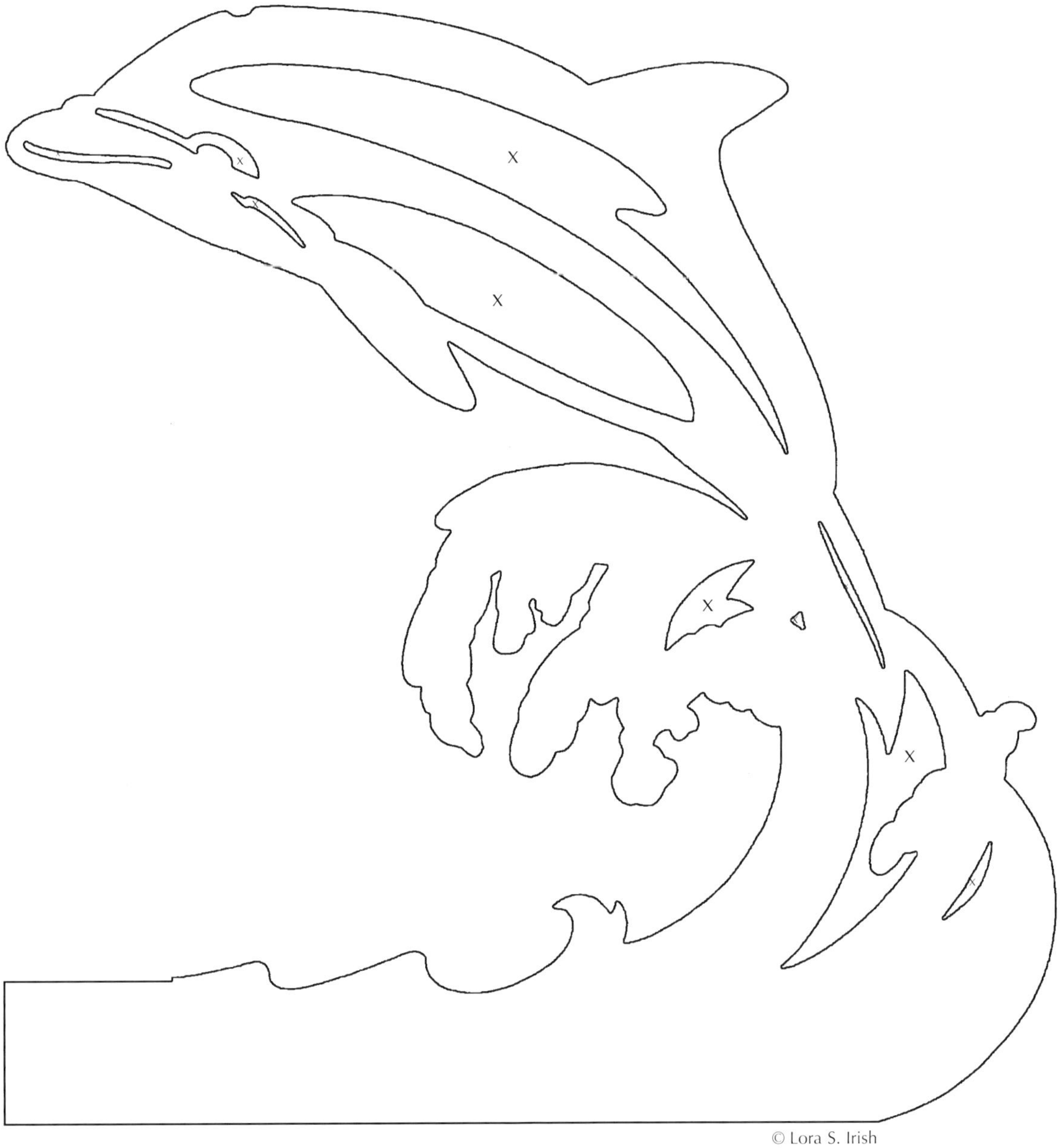

© Lora S. Irish

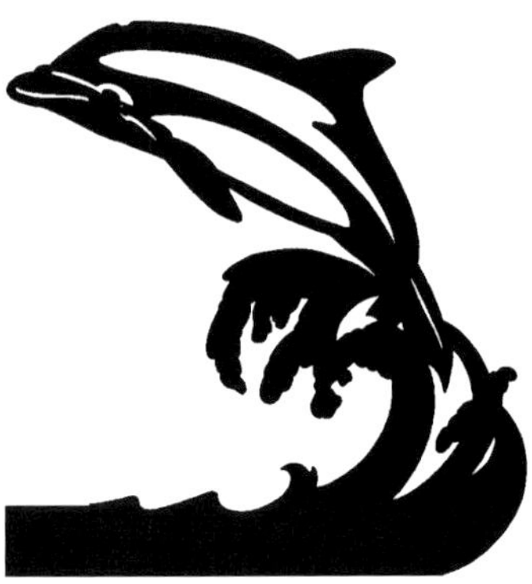

Schwere Waffen

(Afrikanischer Elefant)

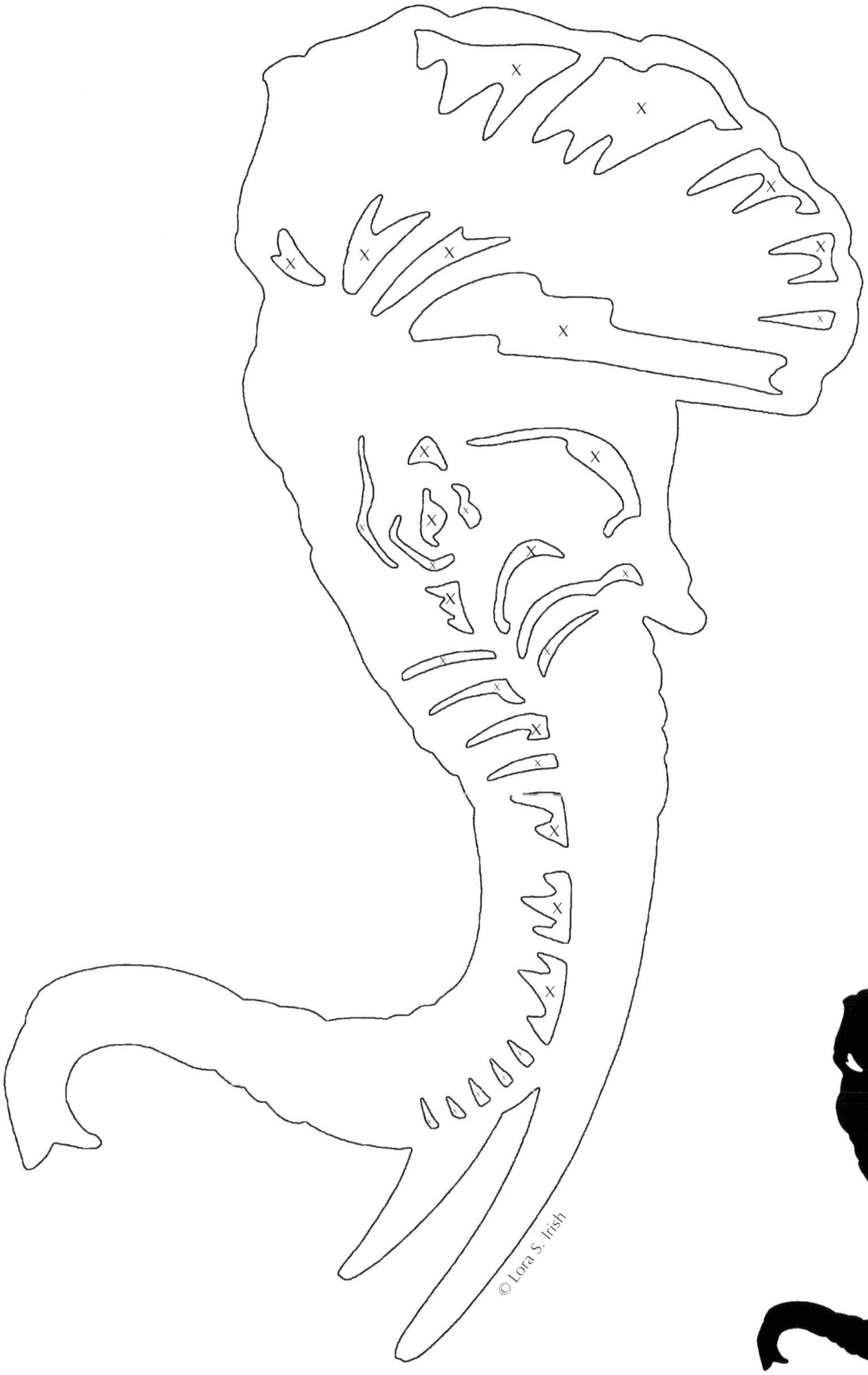

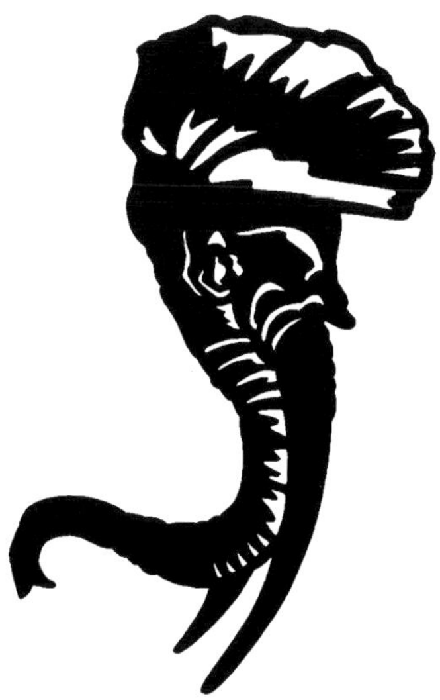

Ganz Ohr

(Afrikanischer Elefant)

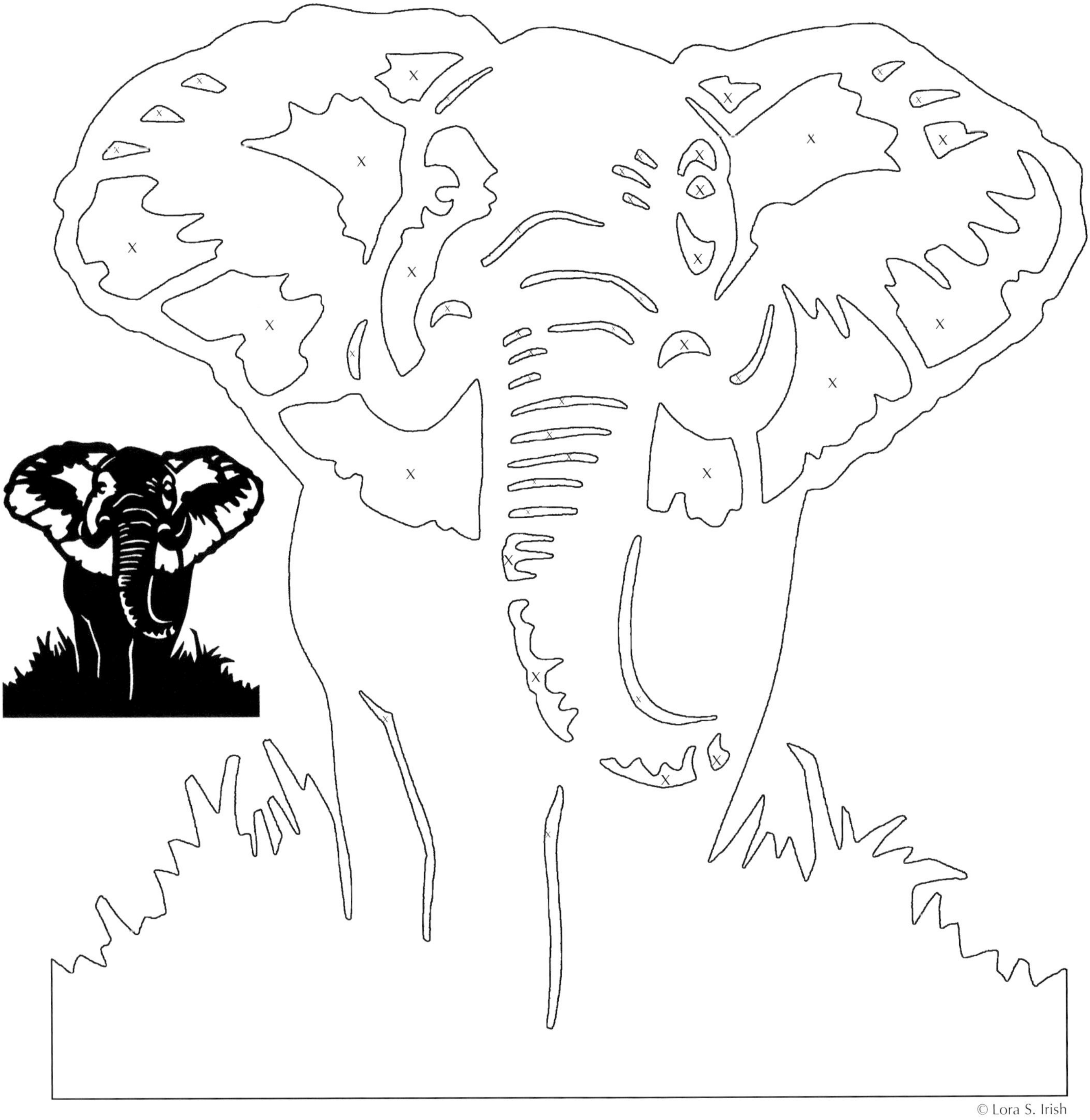

Auf dem Trampelpfad

(Afrikanischer Elefant)

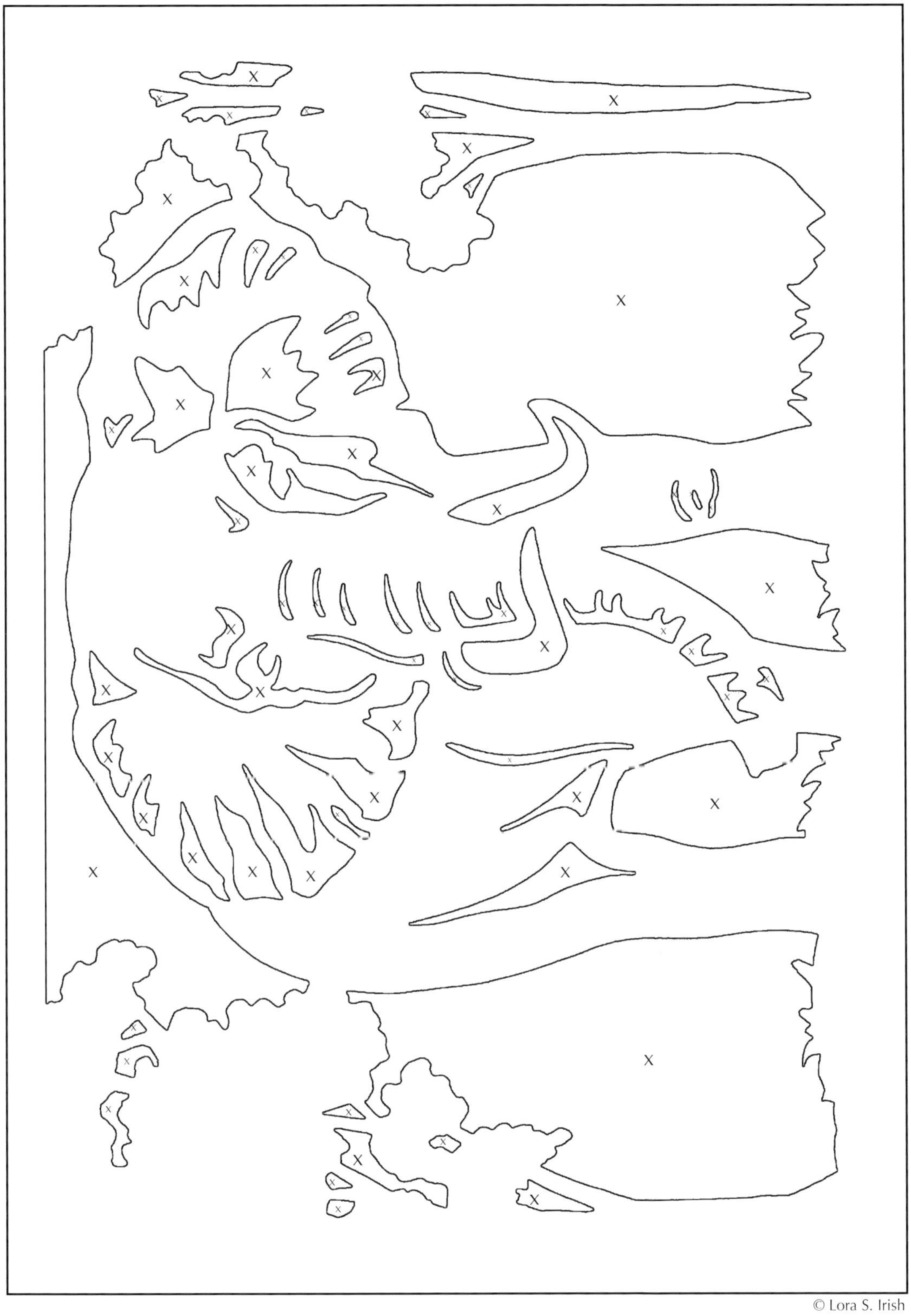

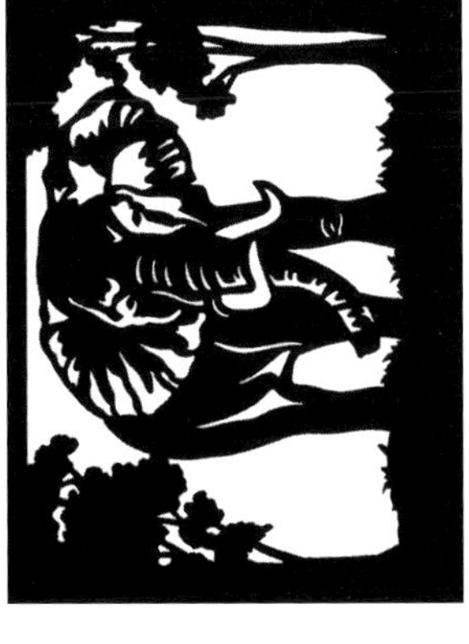

Riesenhafte Robbe

(See-Elefant)

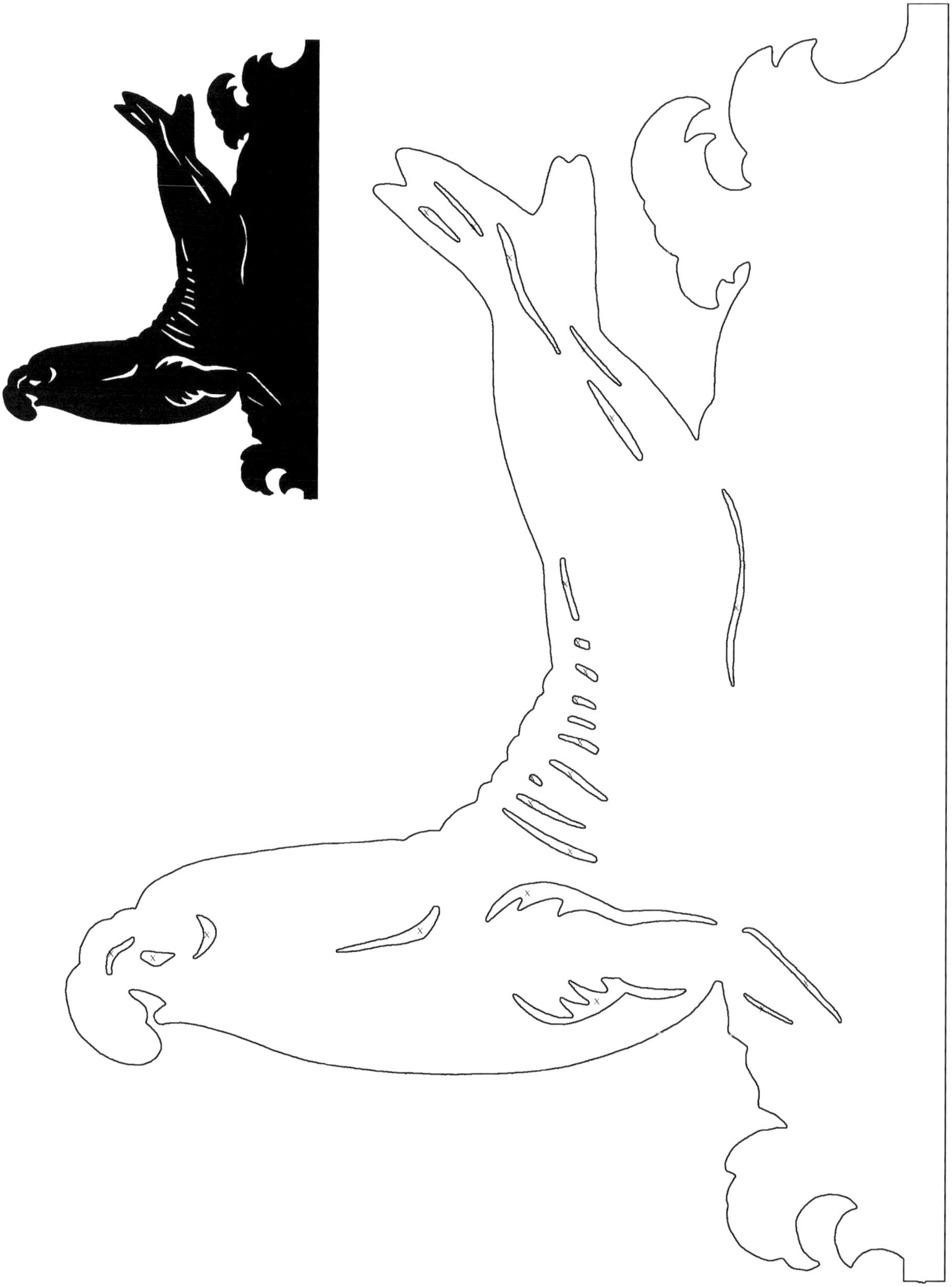

Herrlicher Kopfschmuck

(Rothirsch/Wapitihirsch)

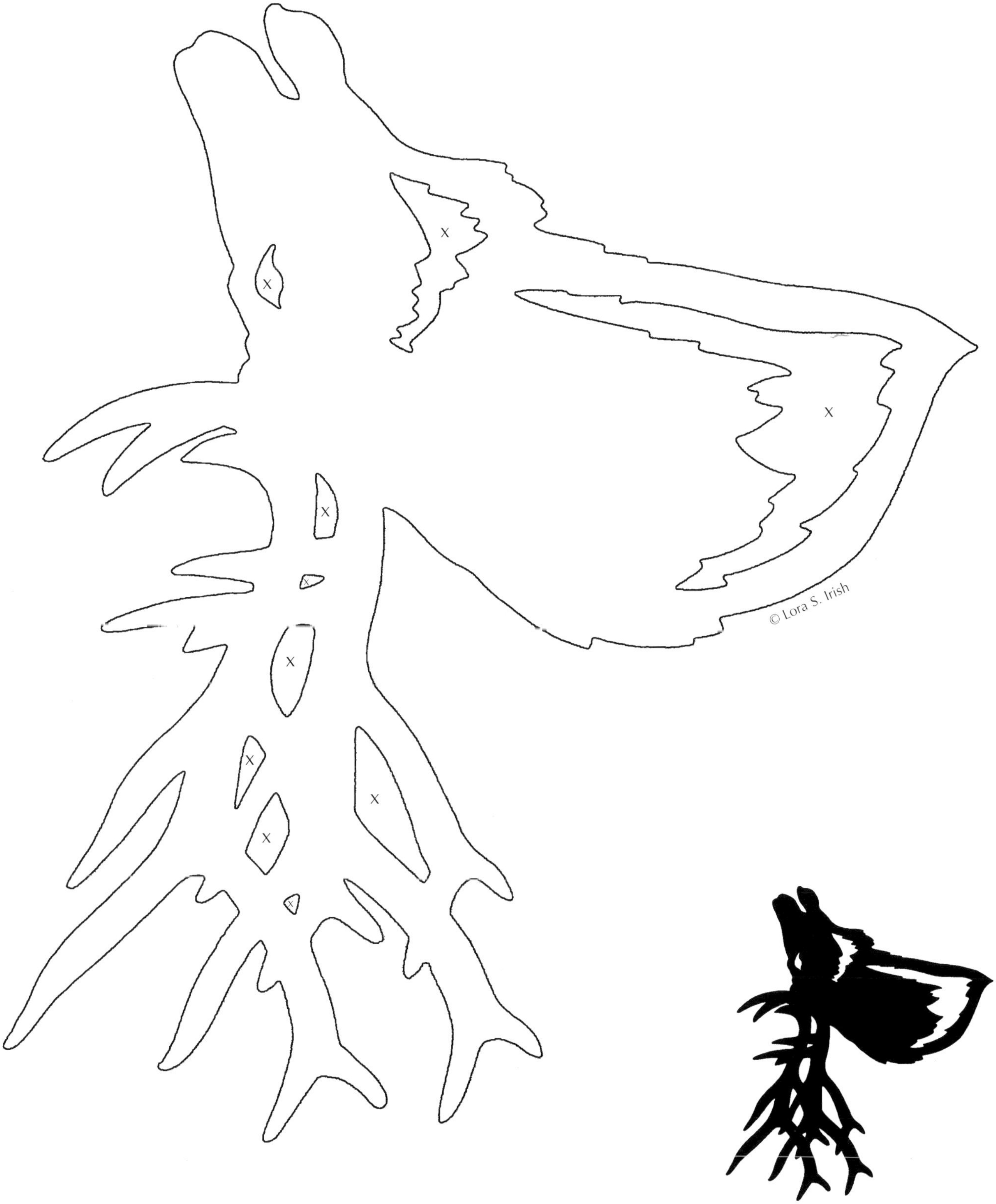

König der Wälder

(Rothirsch/Wapitihirsch)

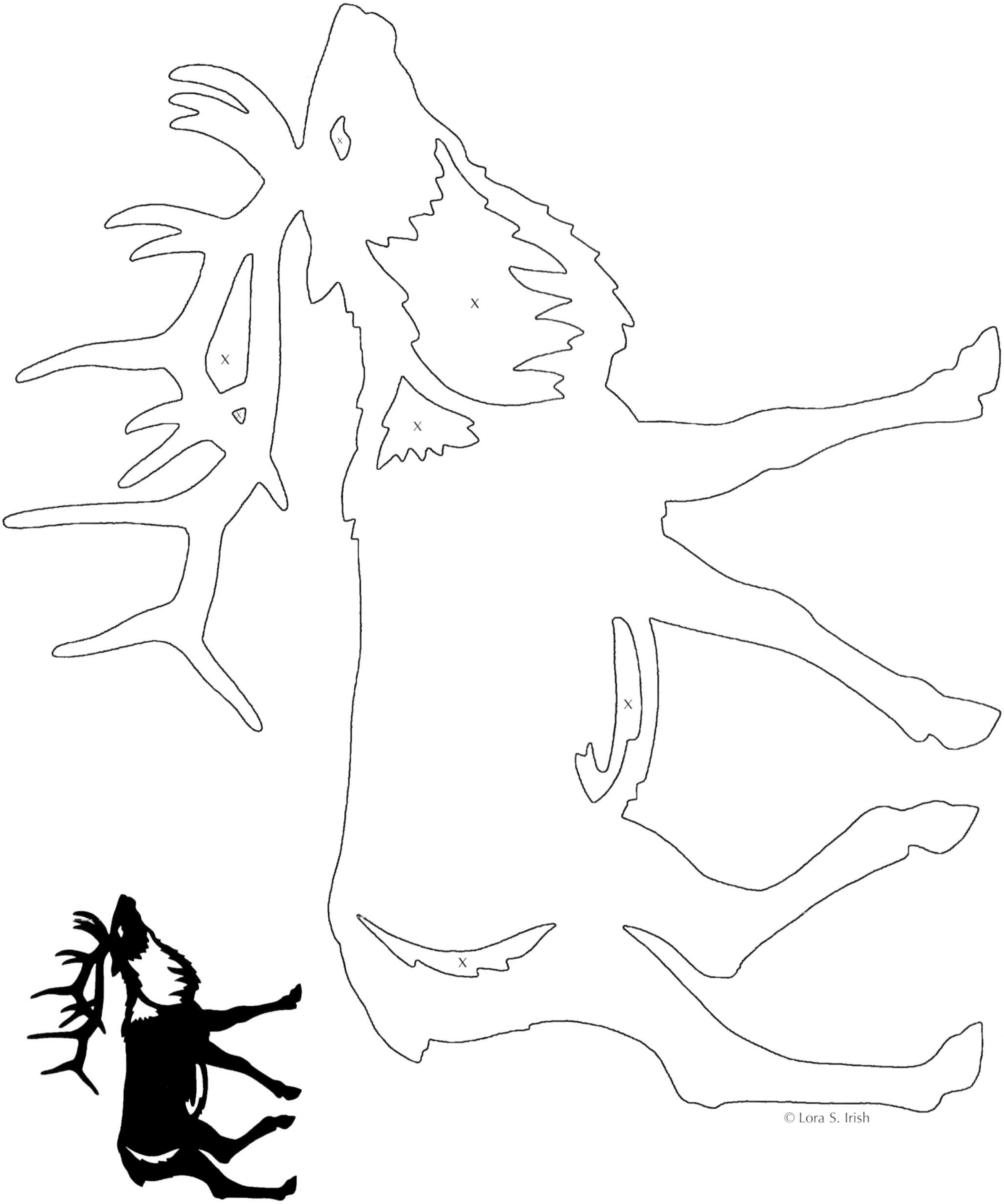

Alarmbereit

(Thomson-Gazelle)

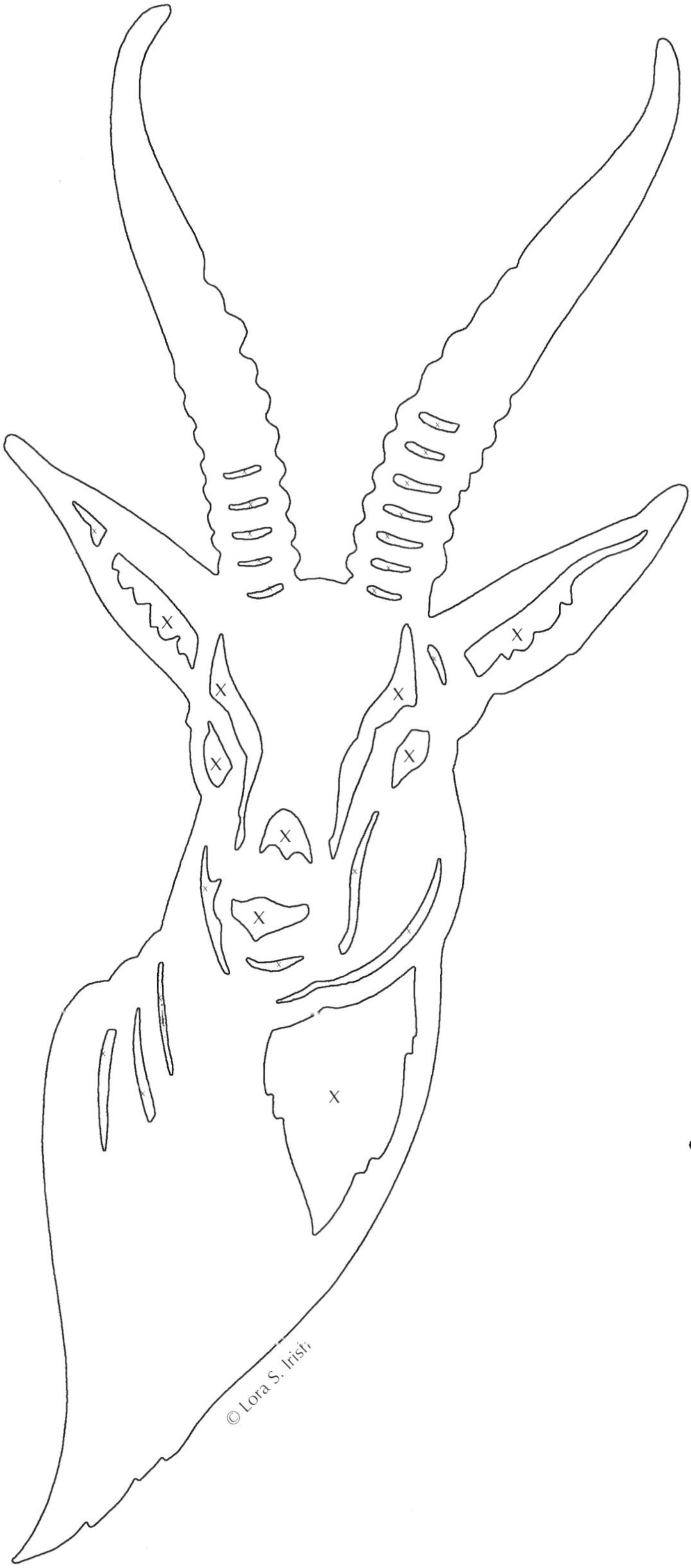

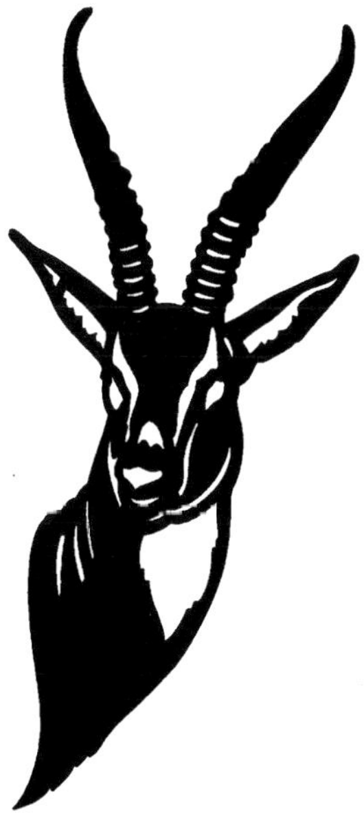

Sausewind

(Thomson-Gazelle)

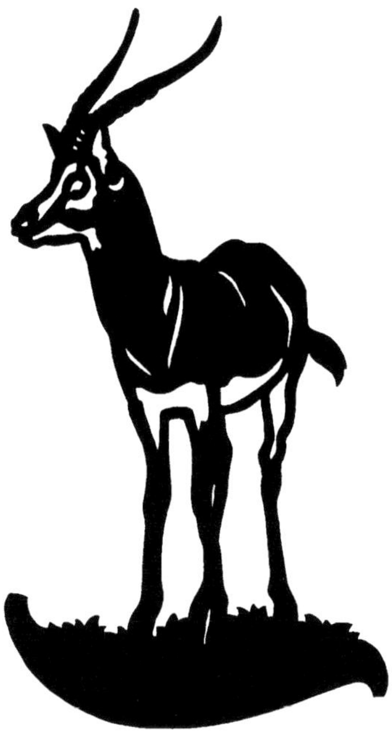

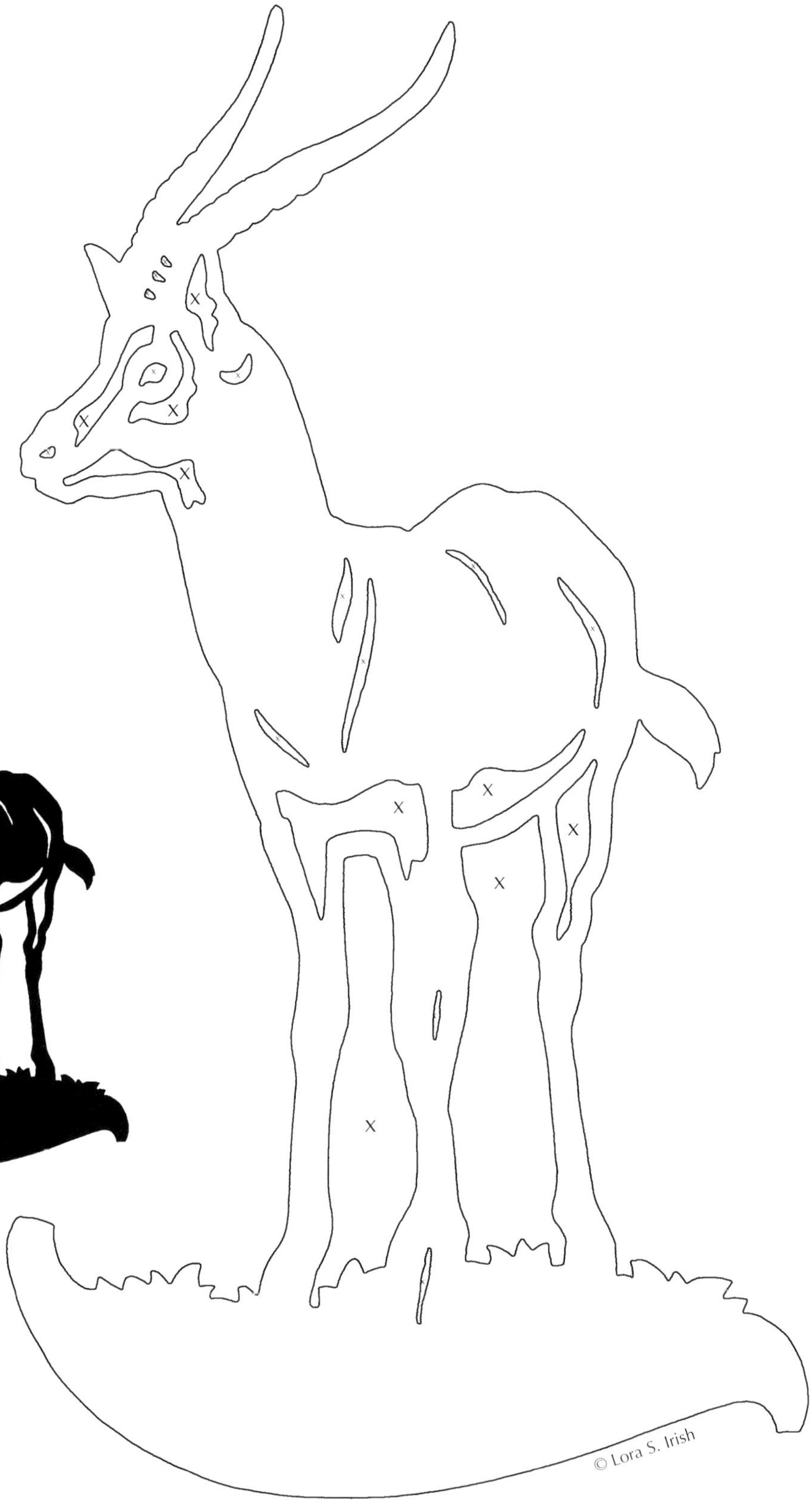

Rank und schlank

(Giraffe)

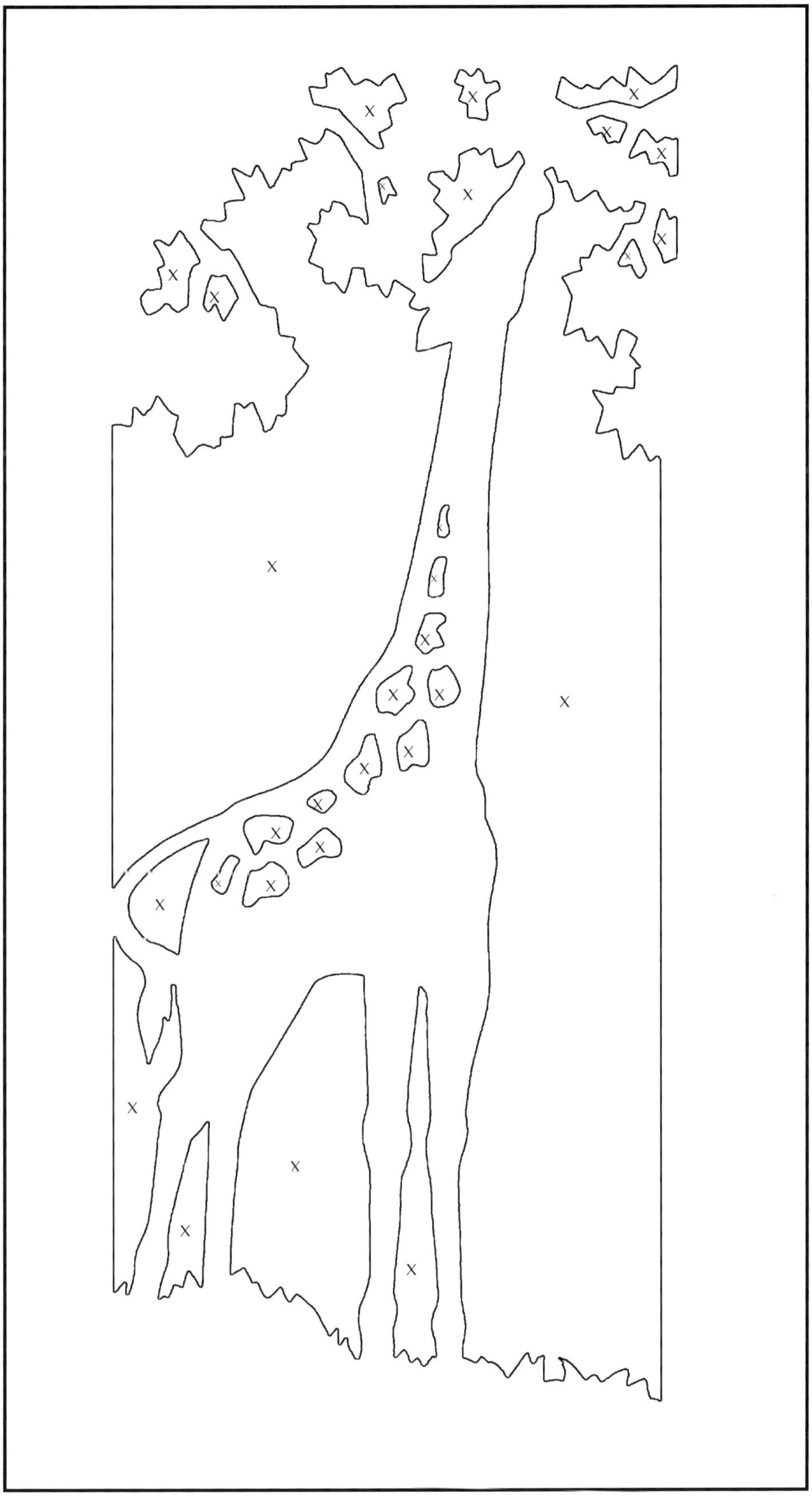

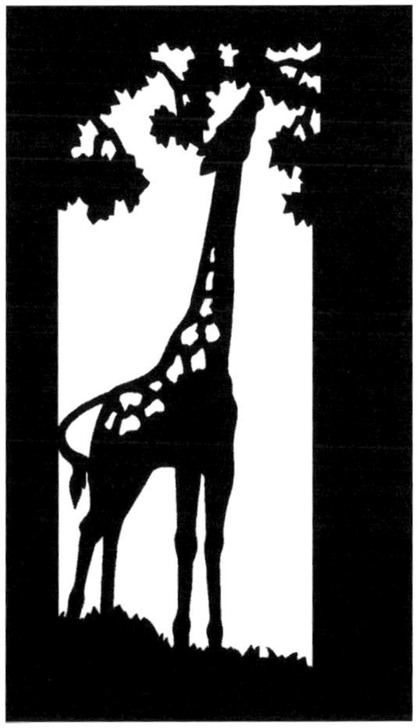

Höchste Ansprüche

(Giraffe)

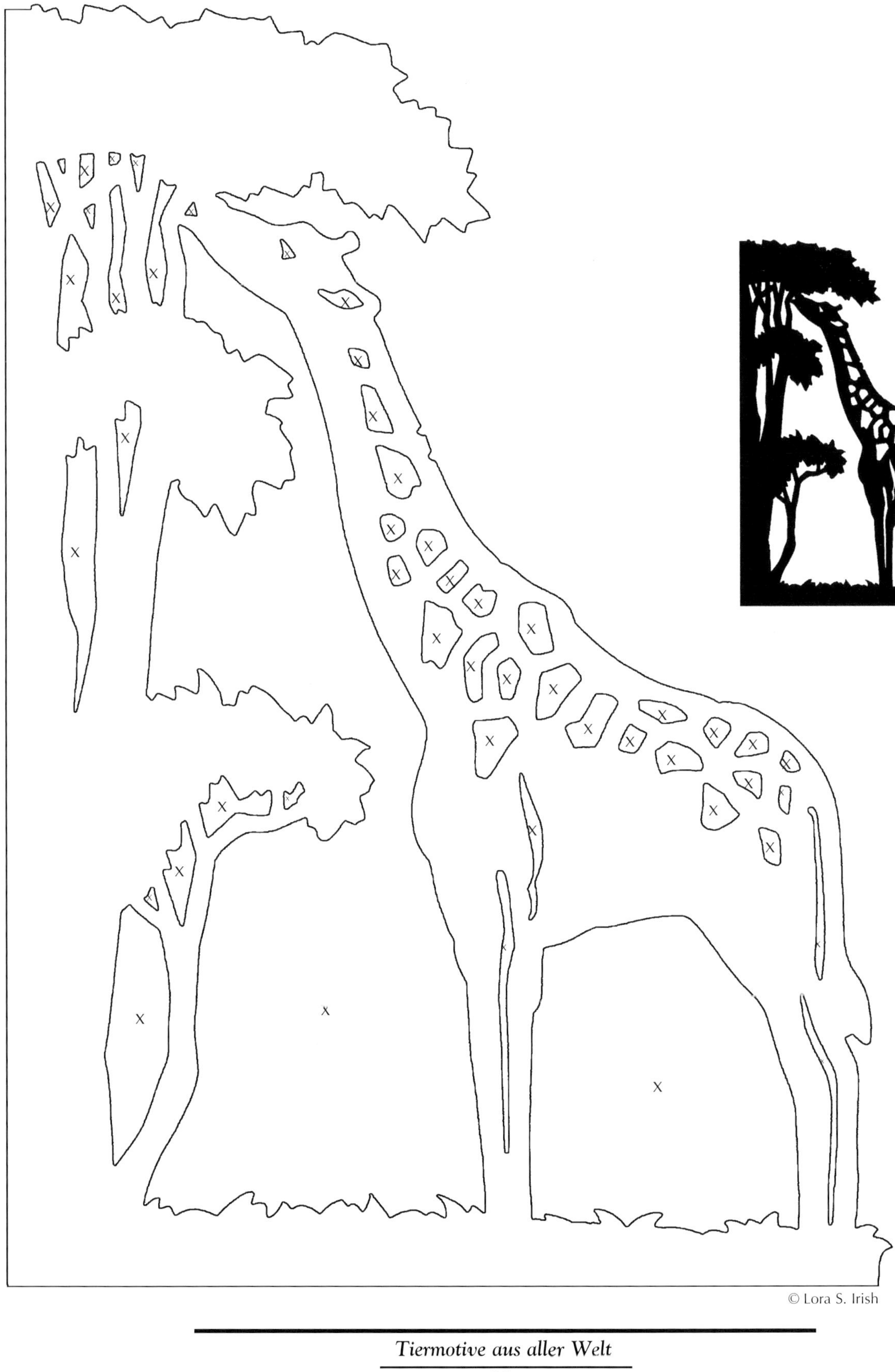

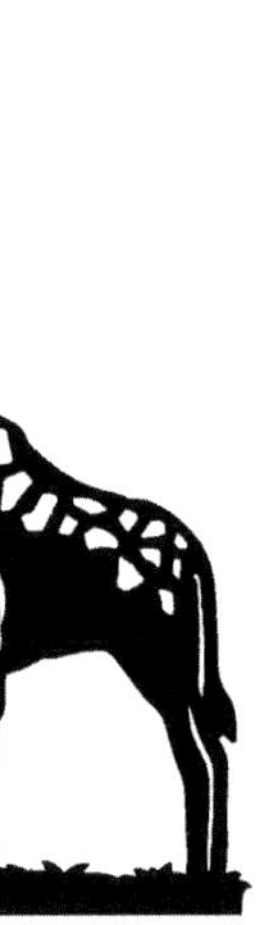

Freundlicher Riese

(Westlicher Flachlandgorilla)

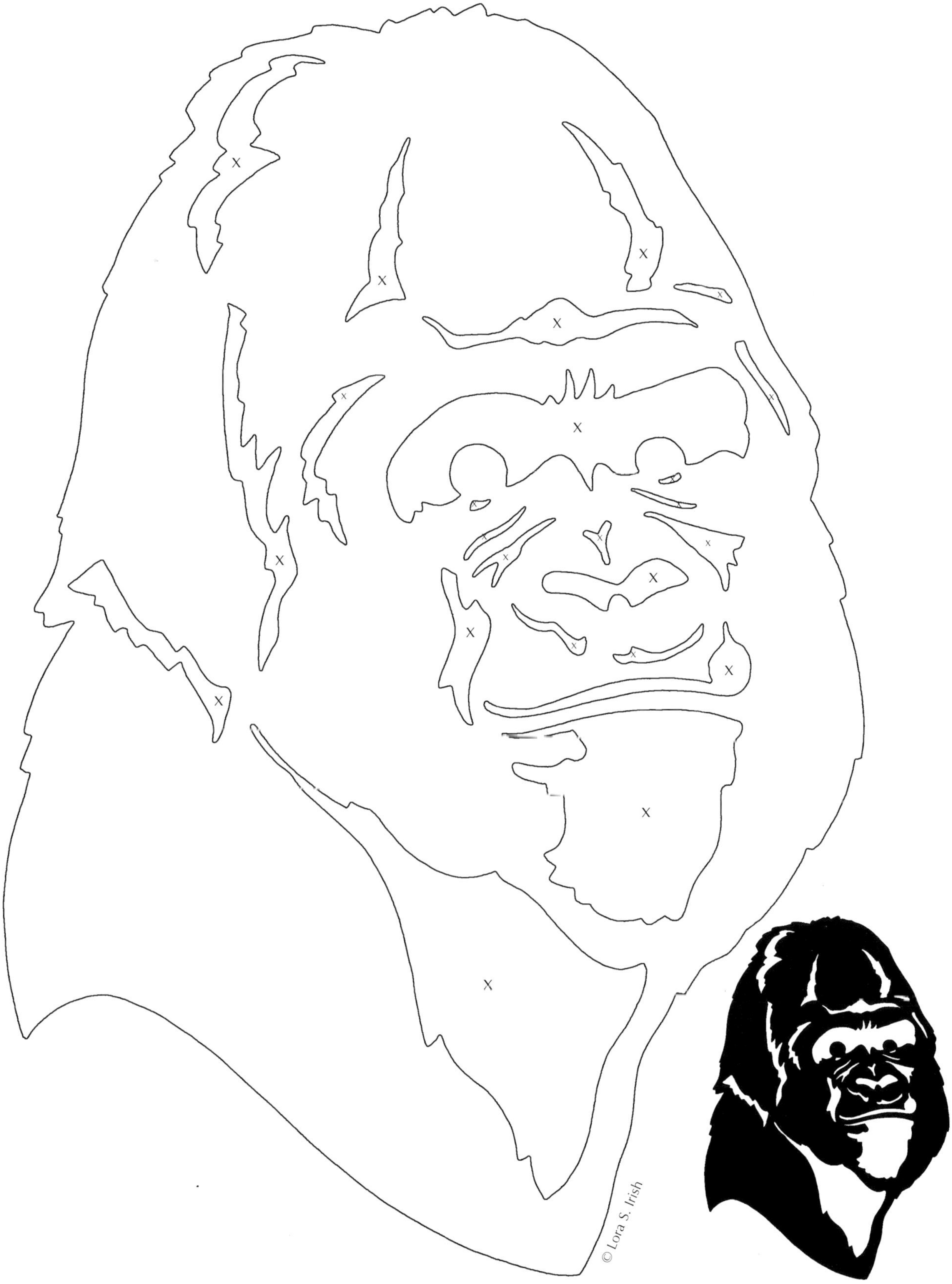

Trau, schau, wem!

(Silberrücken-Gorilla)

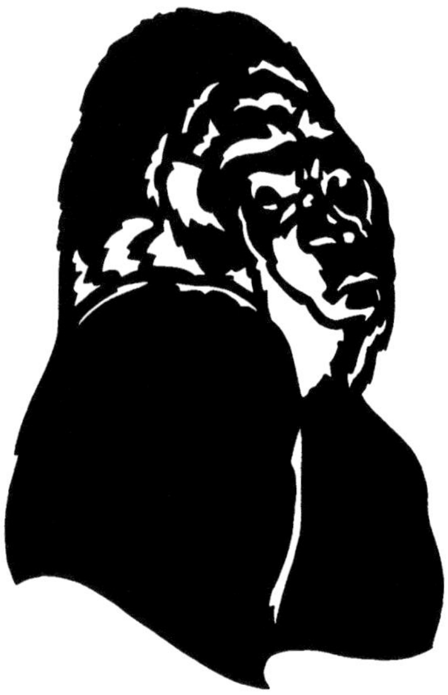

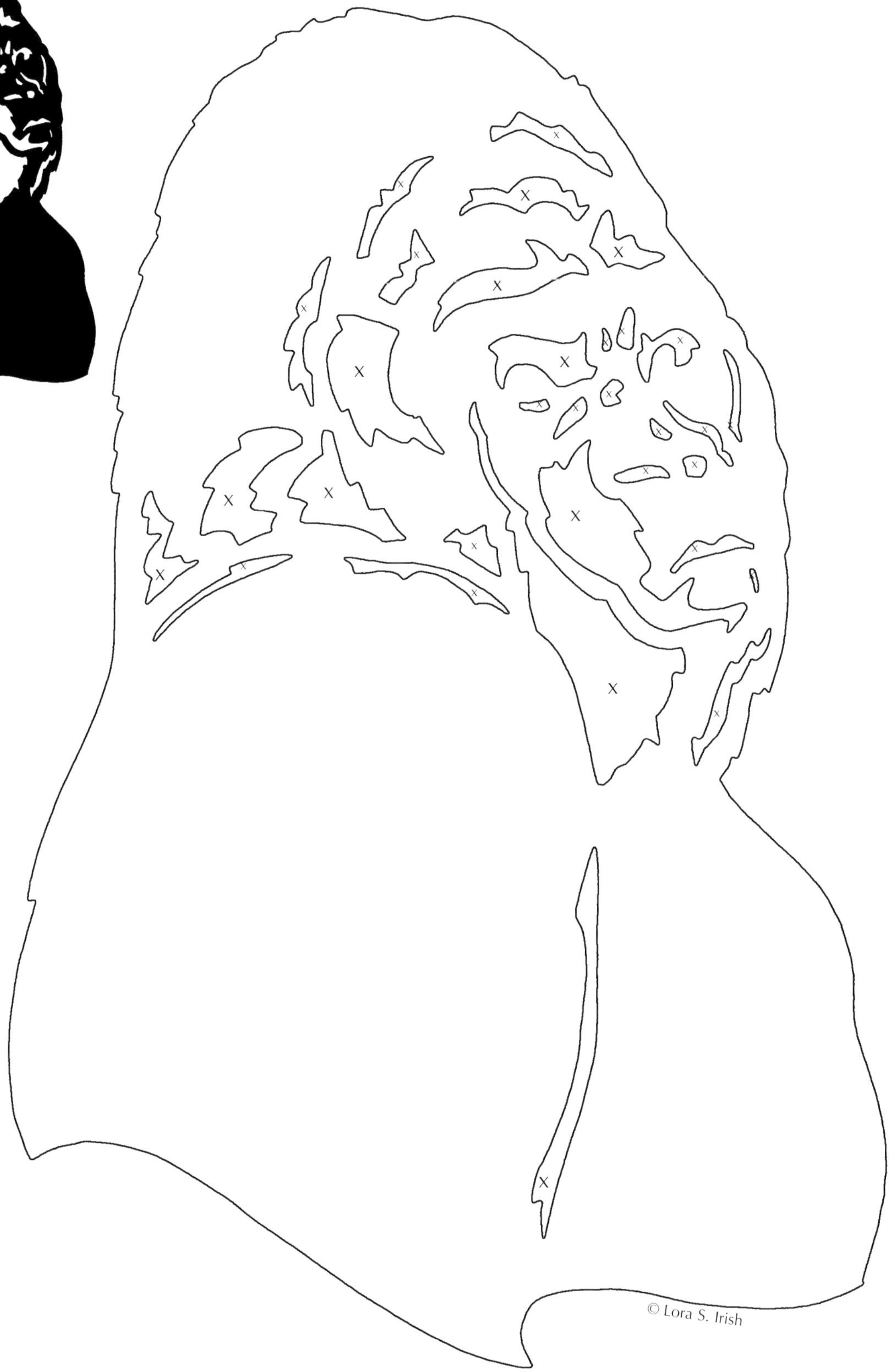

Unterwegs zum Schlammbad

(Flusspferd)

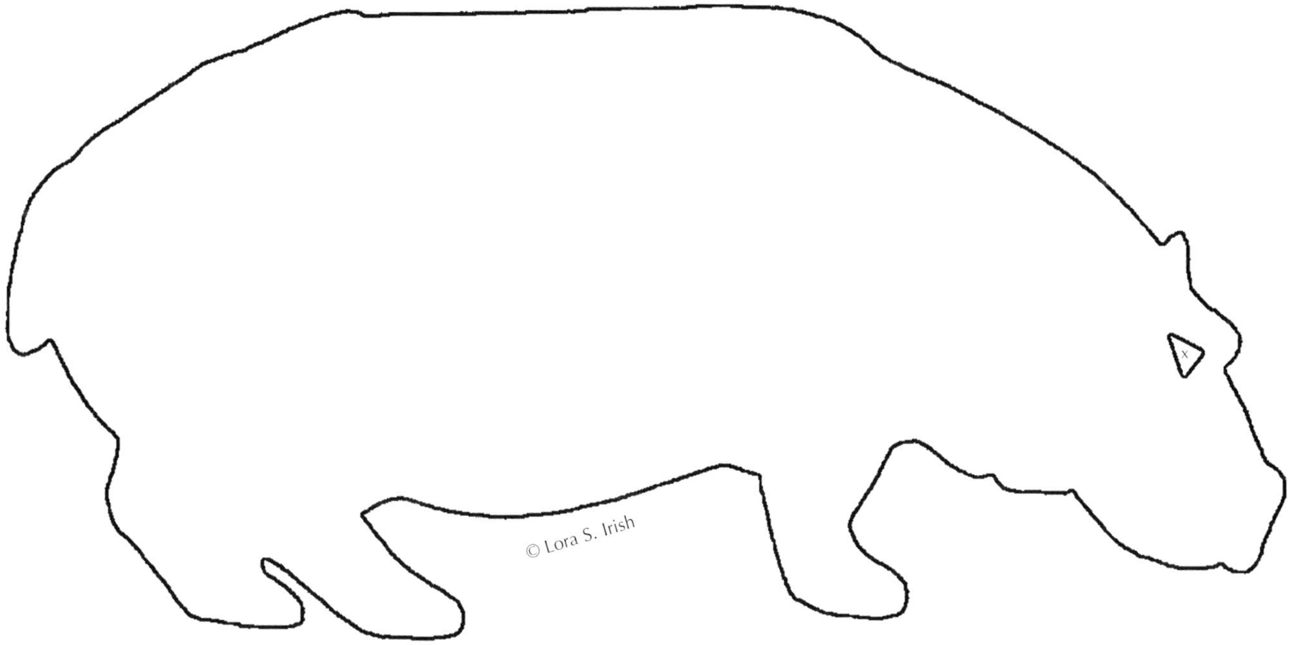

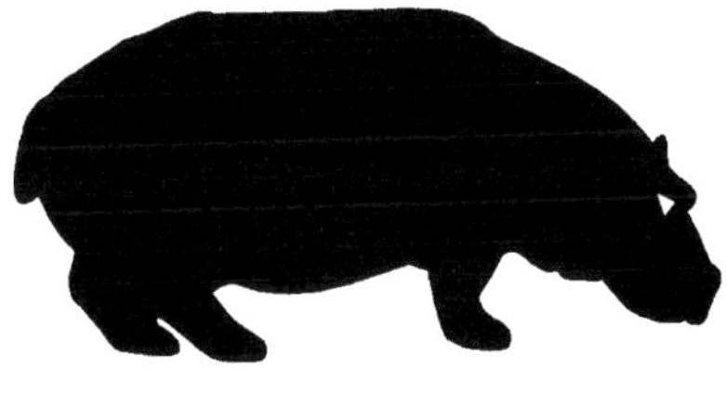

Sturmwind der Prärie

(Mustang)

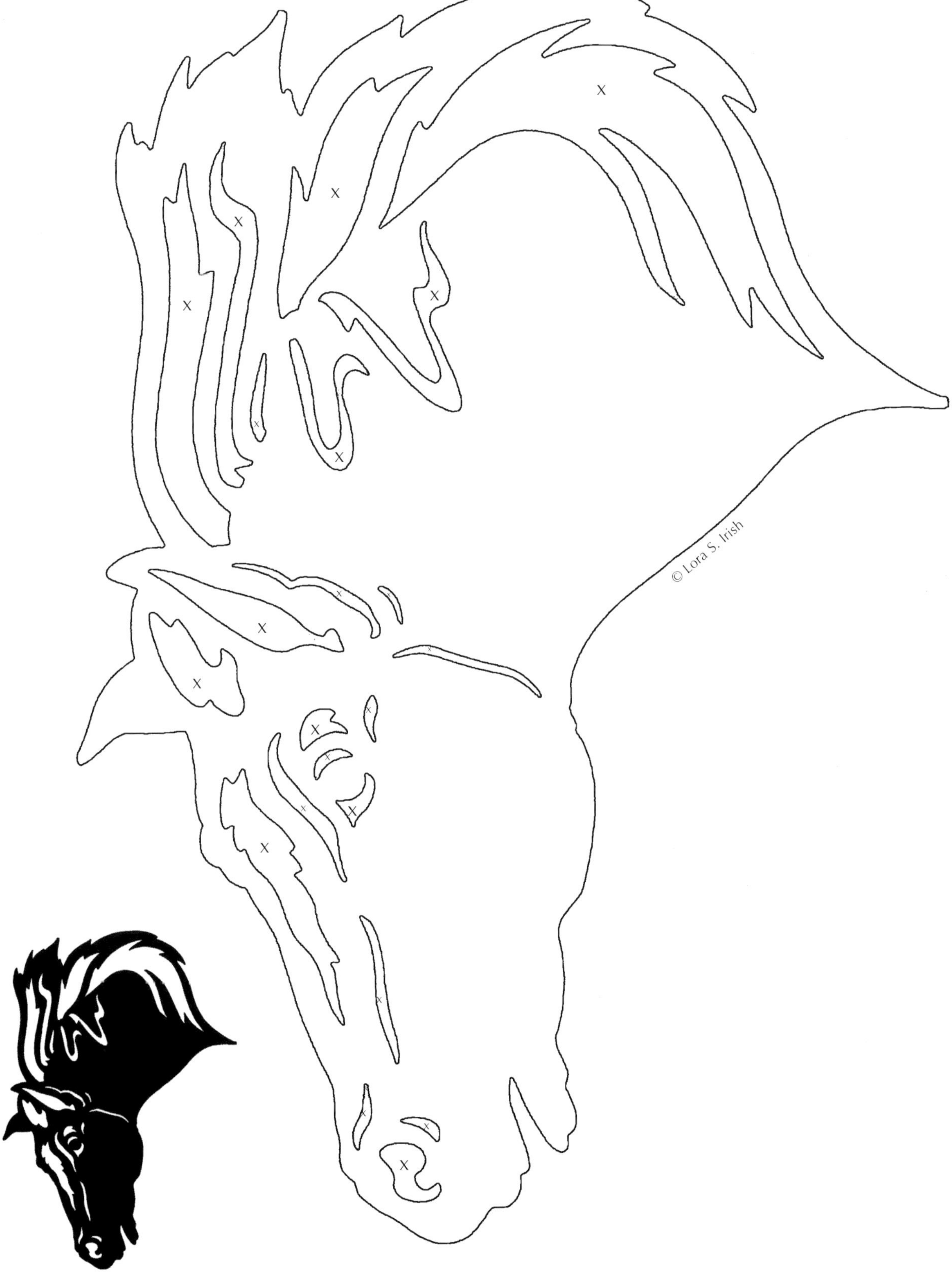

Heiliger Wasservogel

(Ibis)

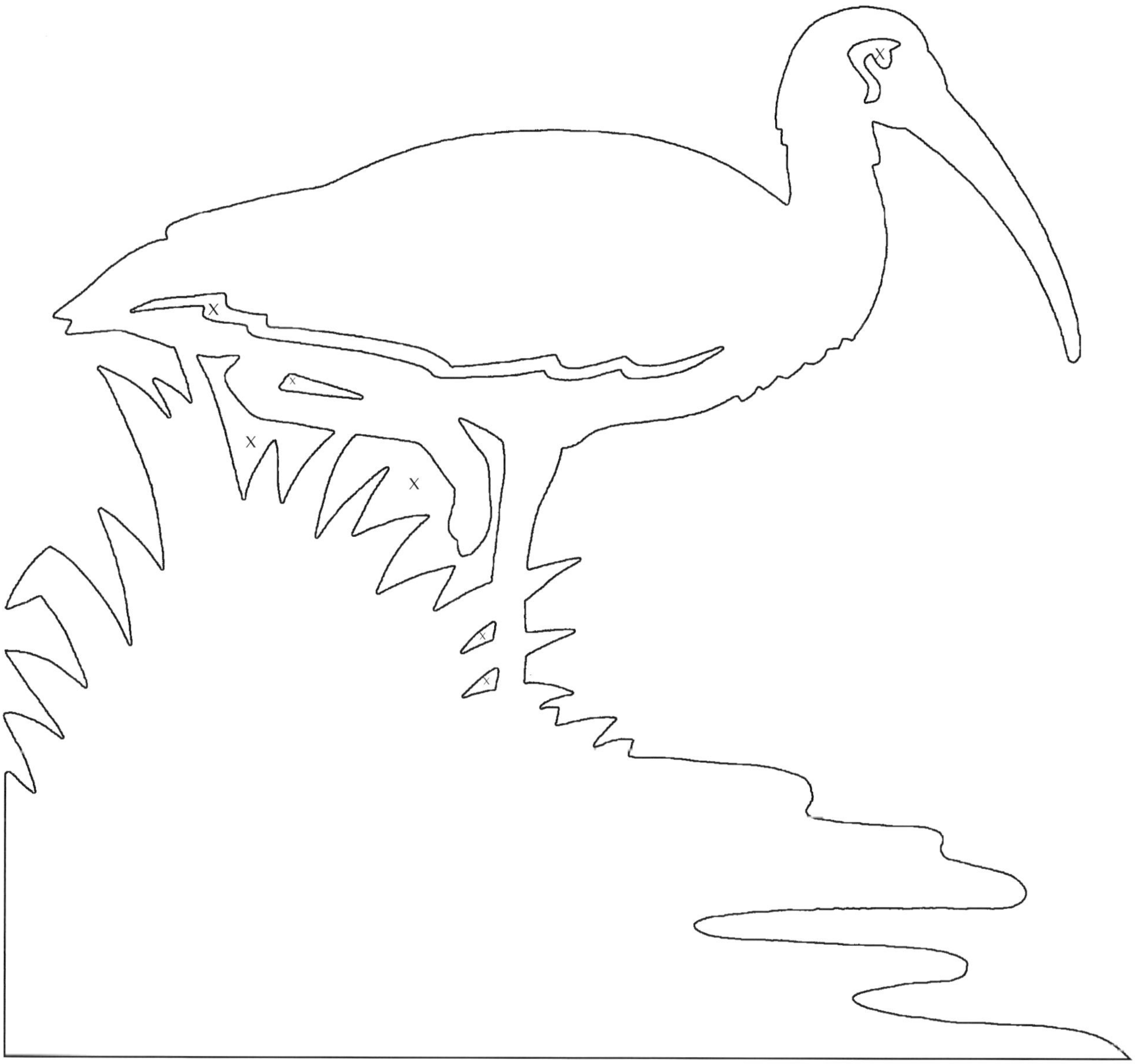

© Lora S. Irish

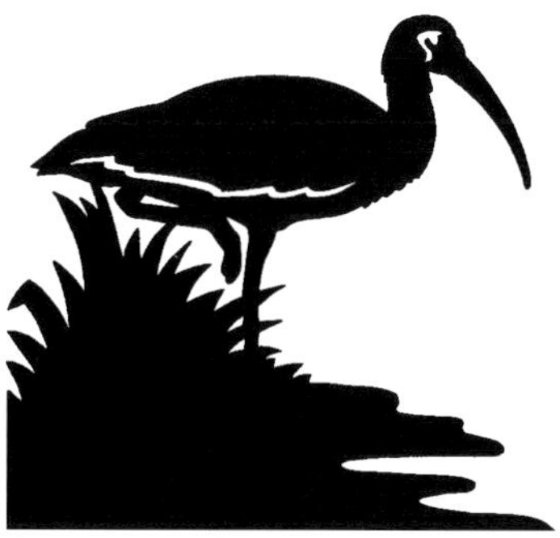

Raubkatze im Regenwald

(Jaguar)

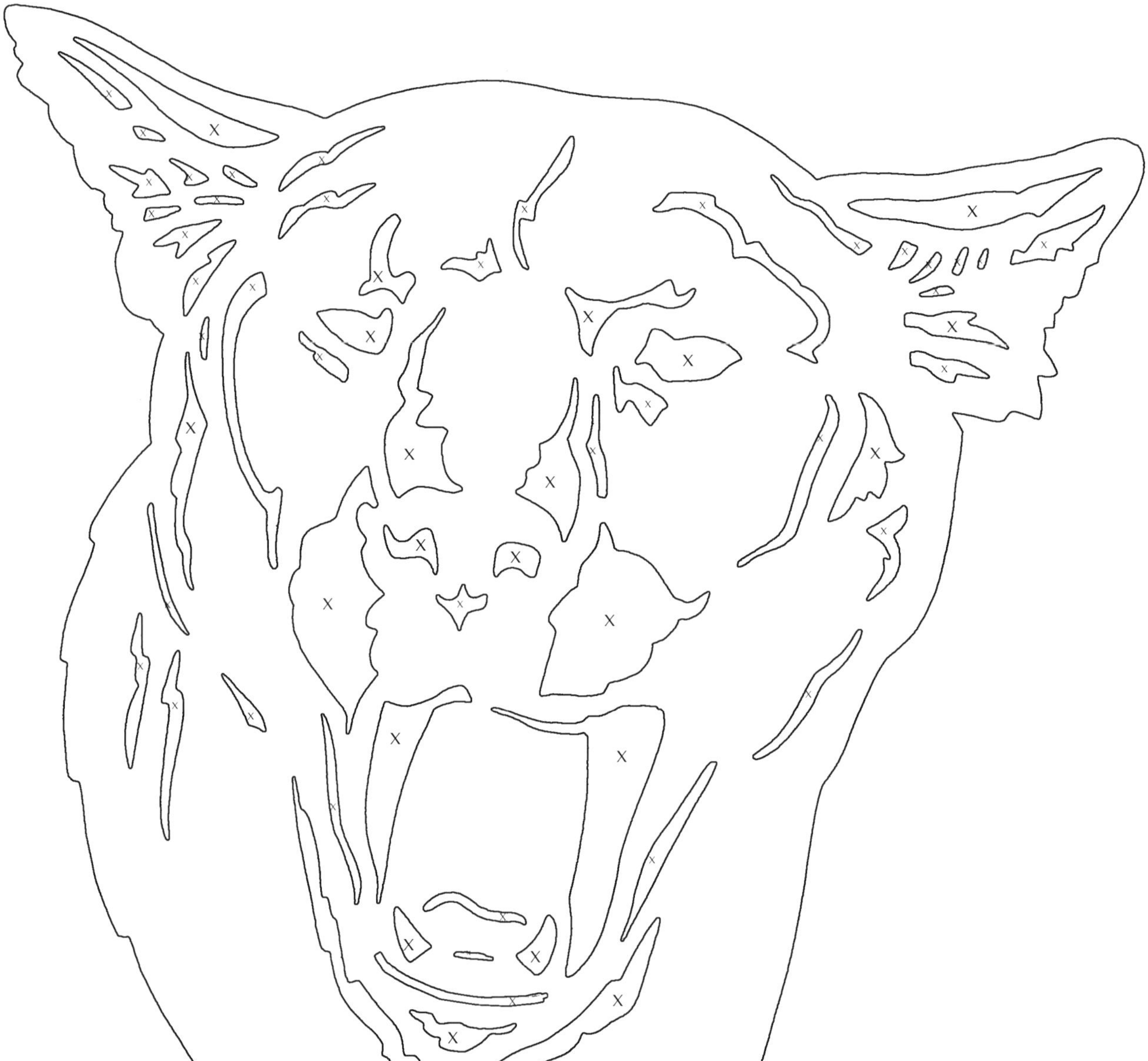

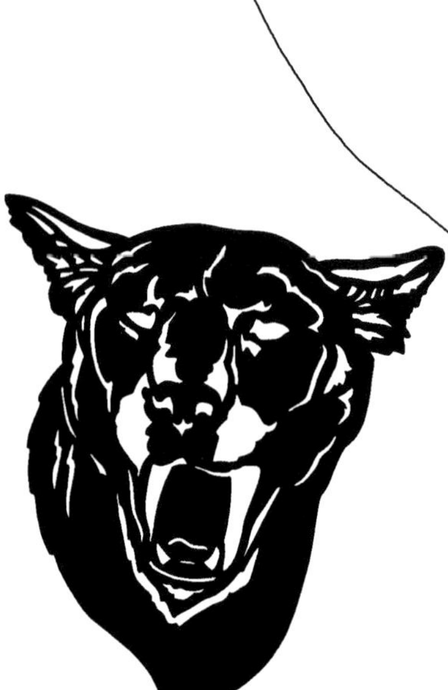

Gut behütet

(Känguru)

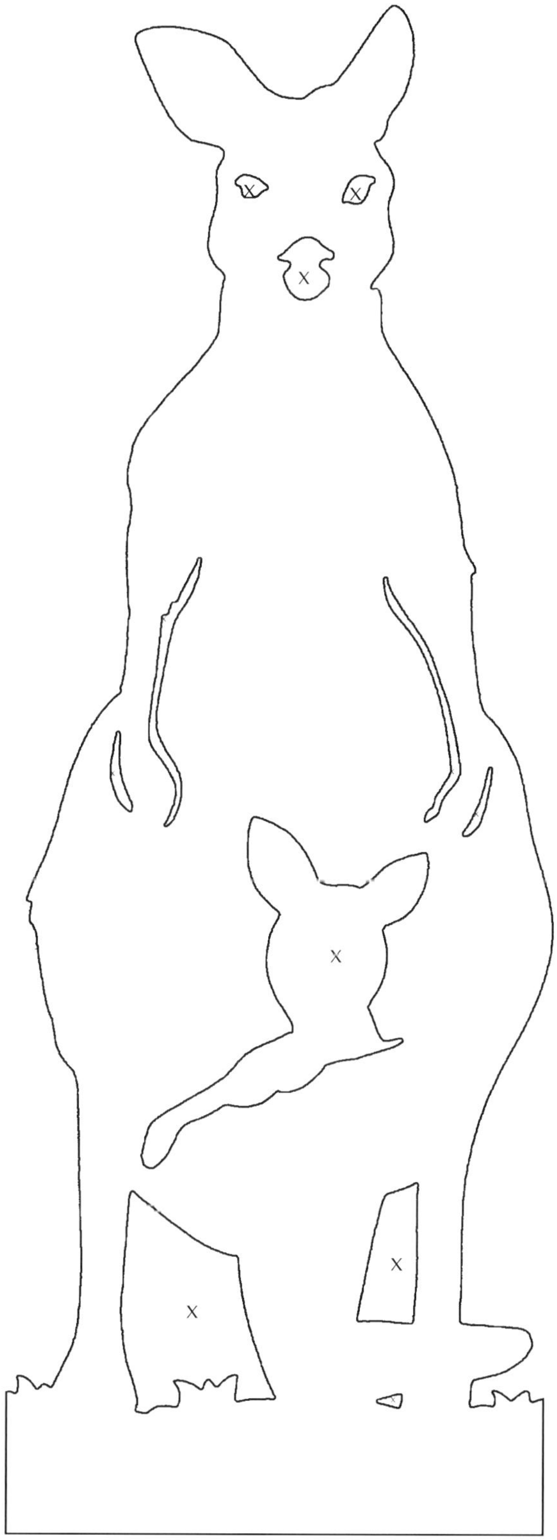

© Lora S. Irish

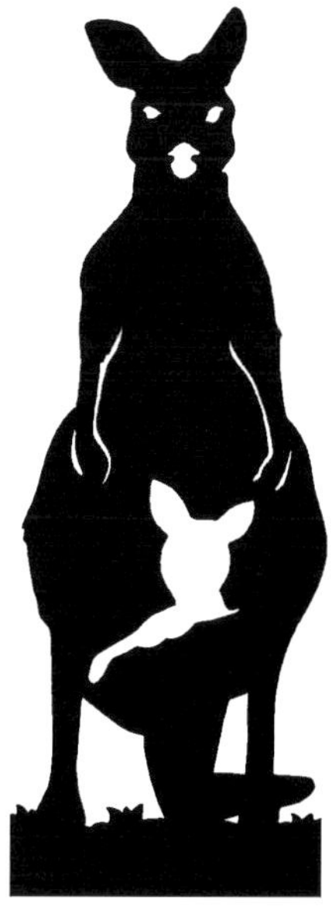

Sprunggewaltig

(Känguru)

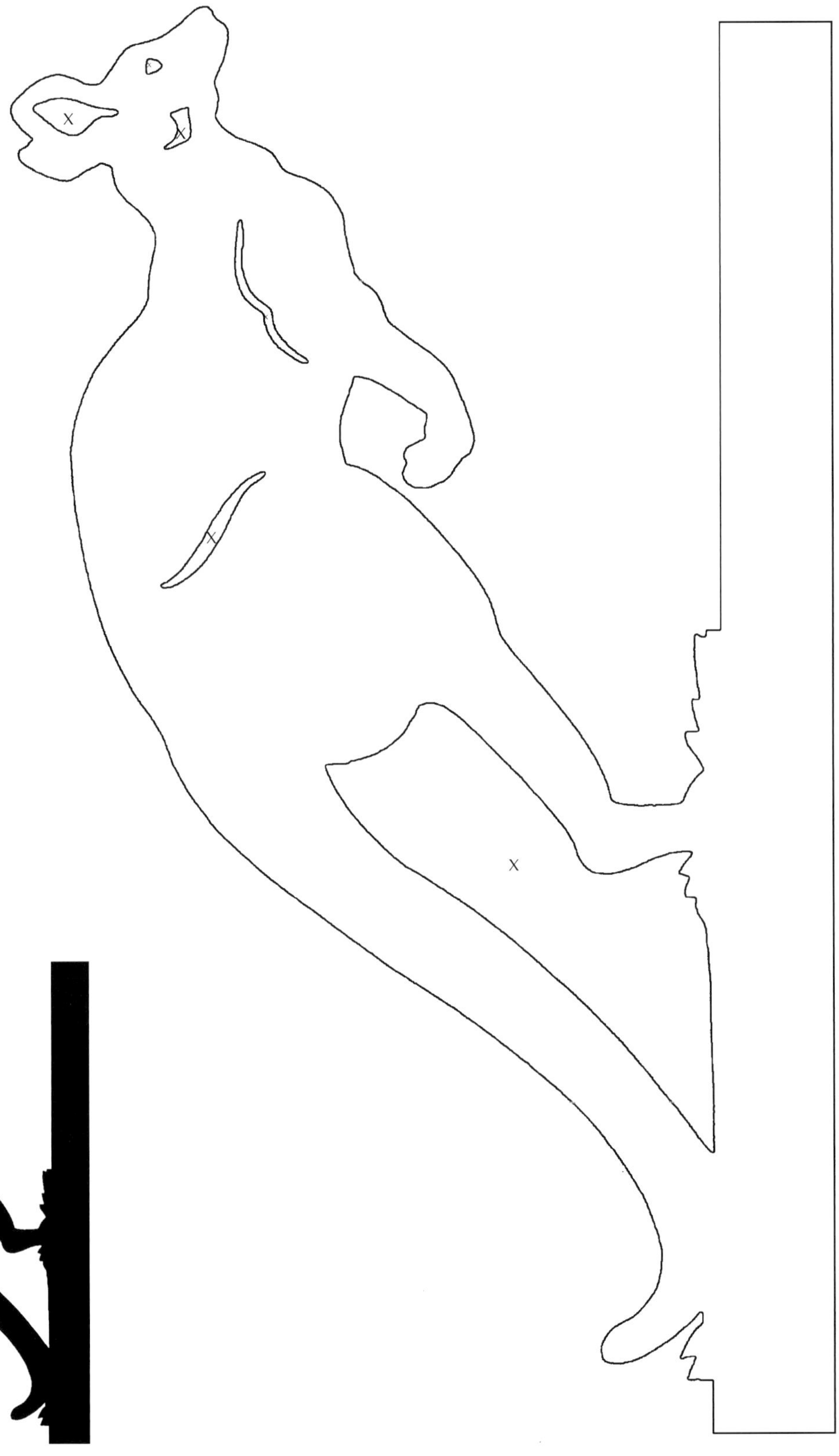

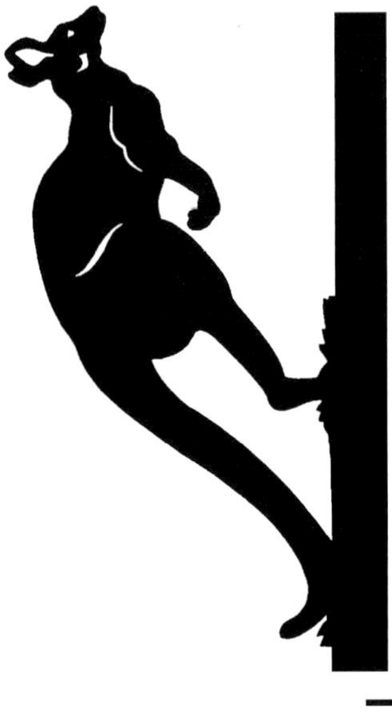

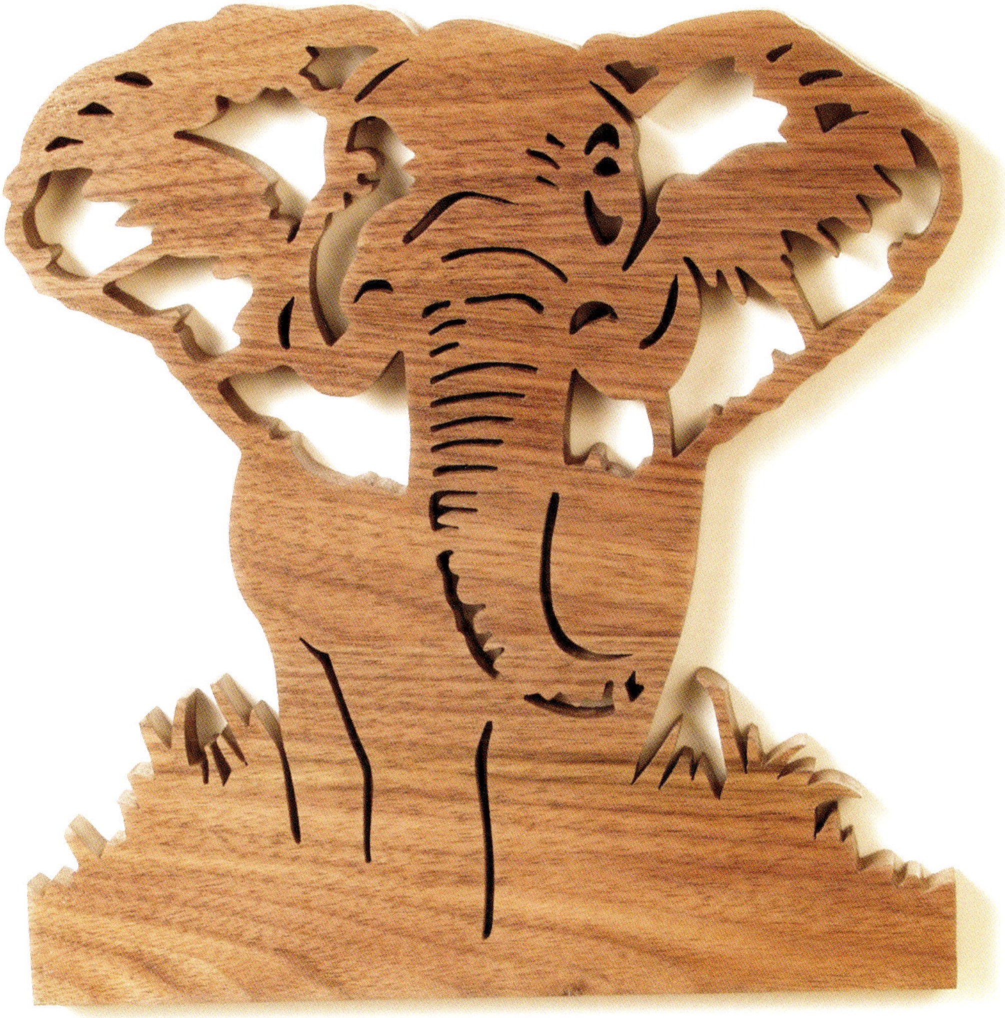

Ganz Ohr (Afrikanischer Elefant) – Vorlage Seite 16

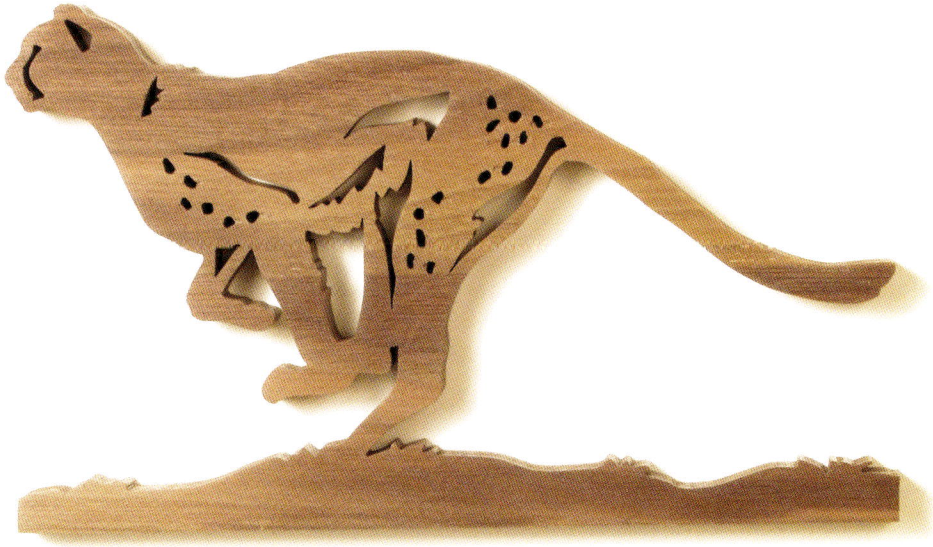

Volles Tempo (Gepard) – Vorlage Seite 11

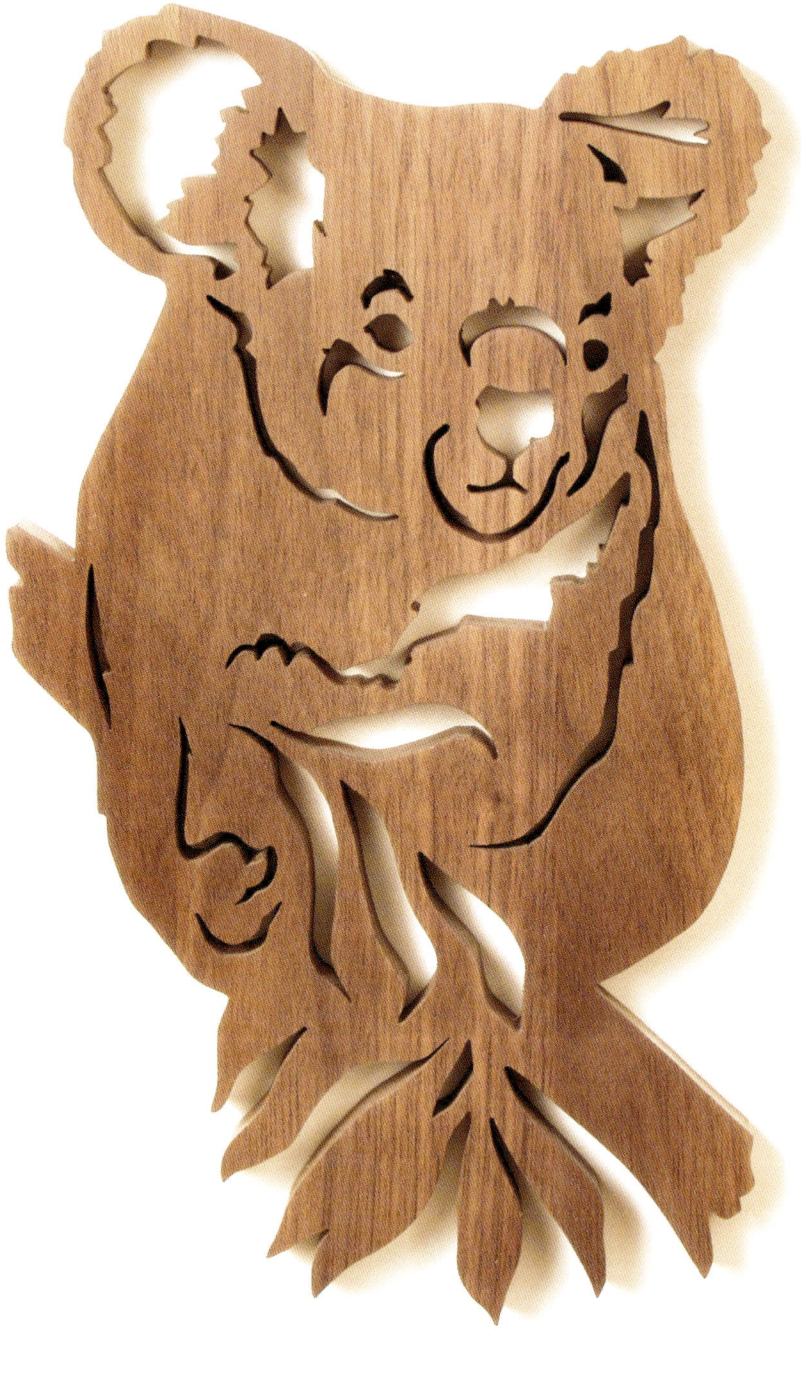

Possierlicher Teddy (Koala) – Vorlage Seite 40

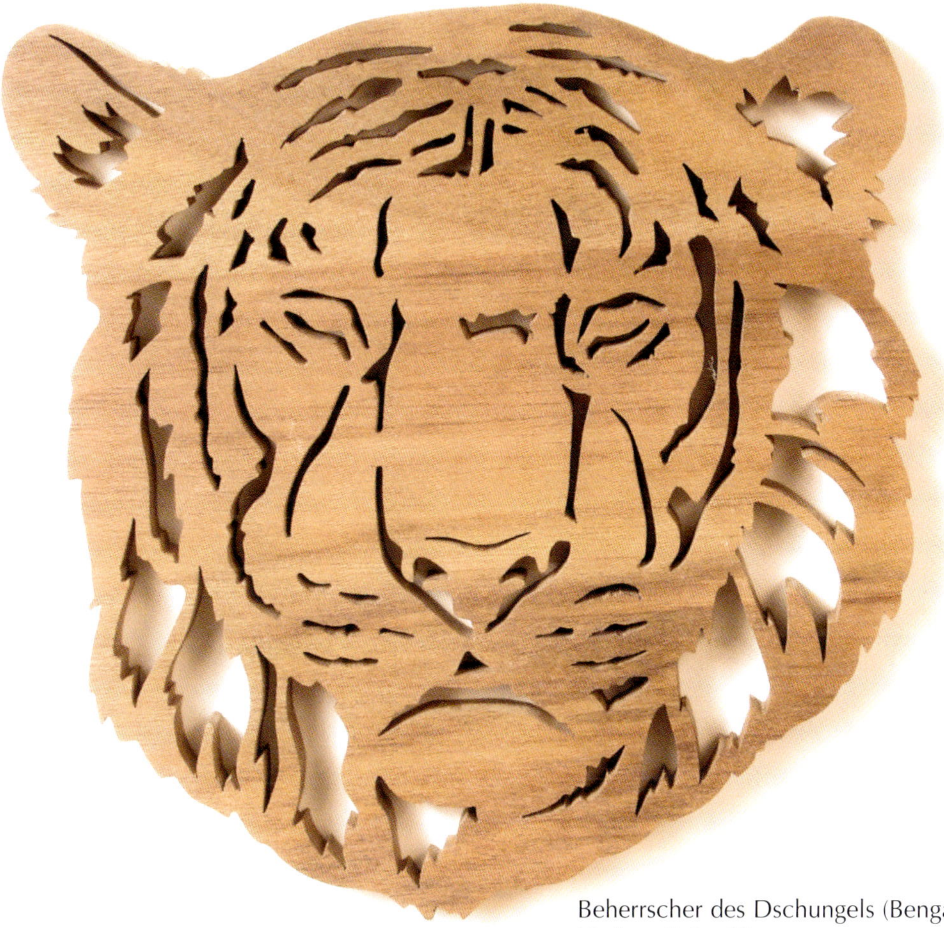

Beherrscher des Dschungels (Bengalischer Tiger) – Vorlage Seite 63

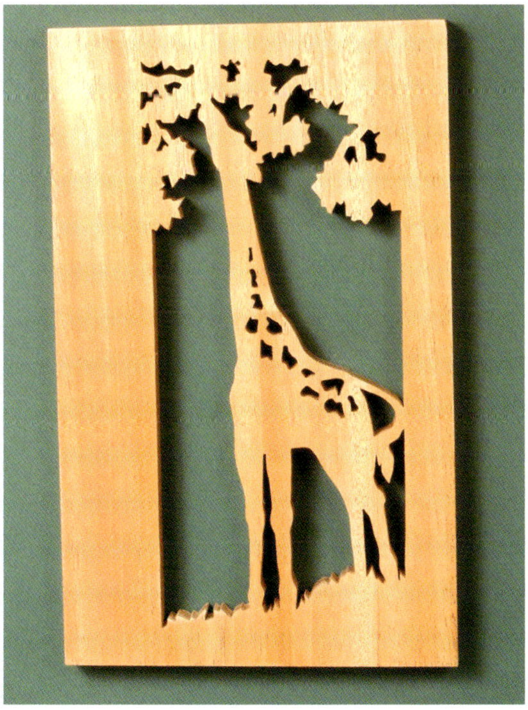

Rank und schlank (Giraffe) – Vorlage Seite 23

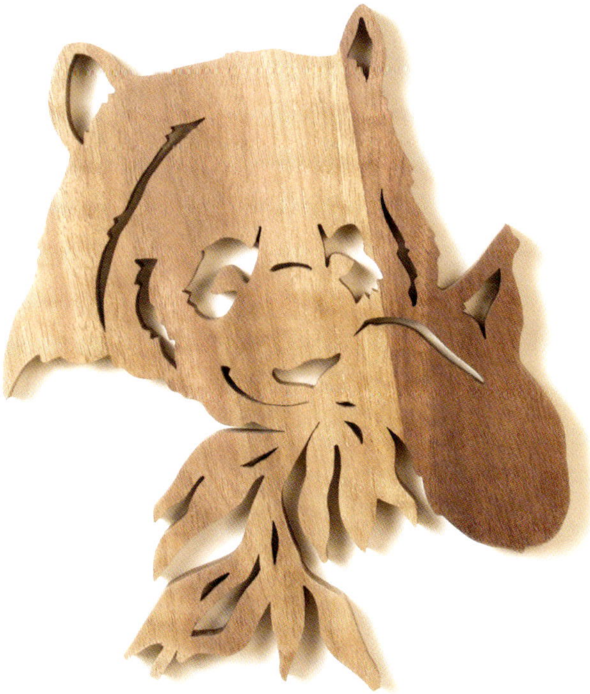

Mahlzeit! (Panda) – Vorlage Seite 49

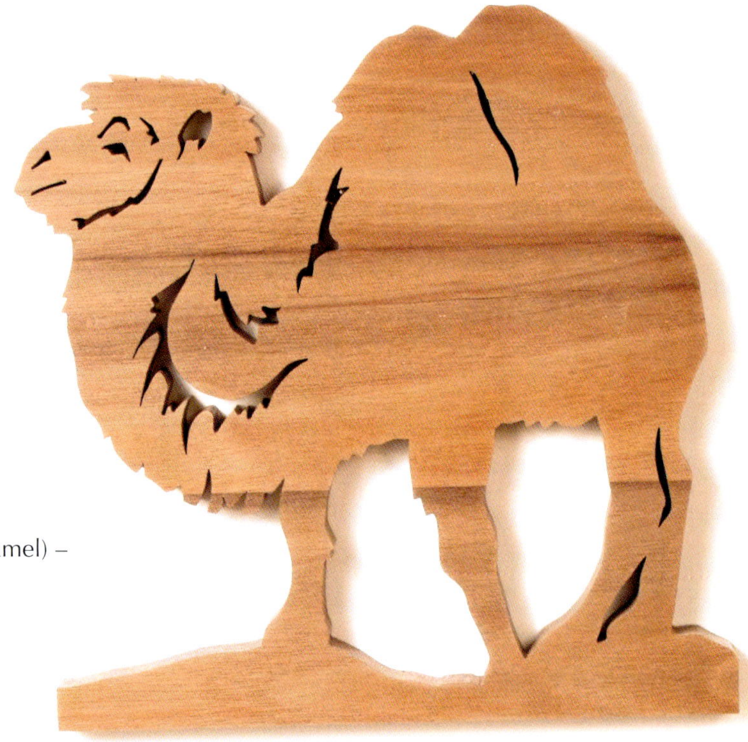

Wüstenschiff (Kamel) –
Vorlage Seite 8

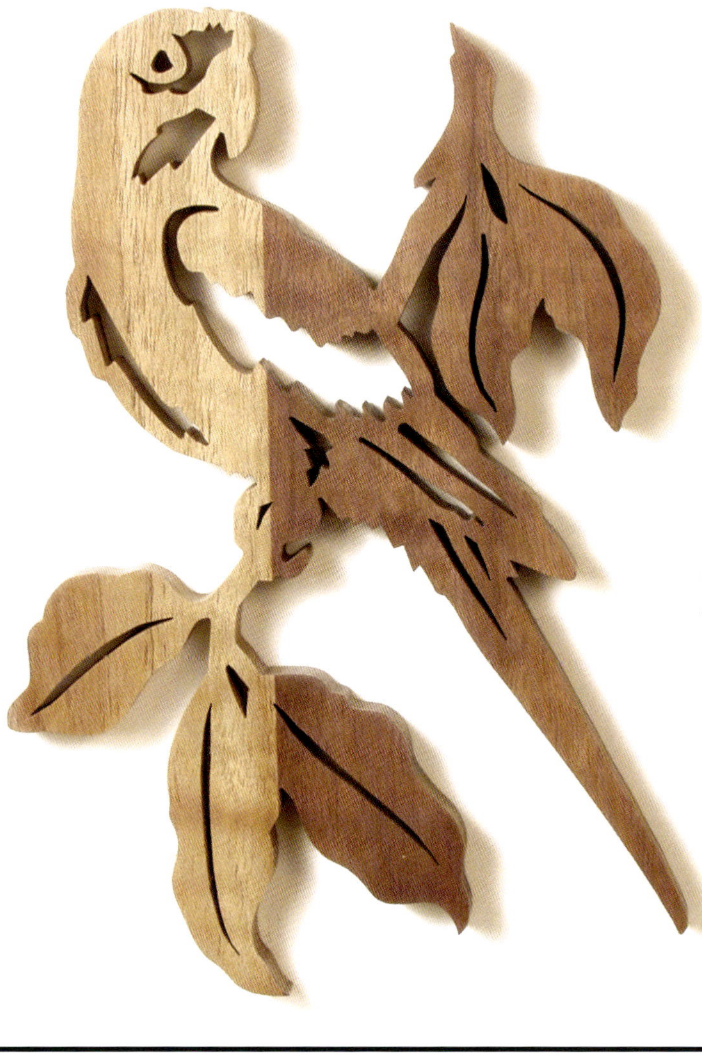

Prachtgefieder (Papagei)
– Vorlage Seite 52

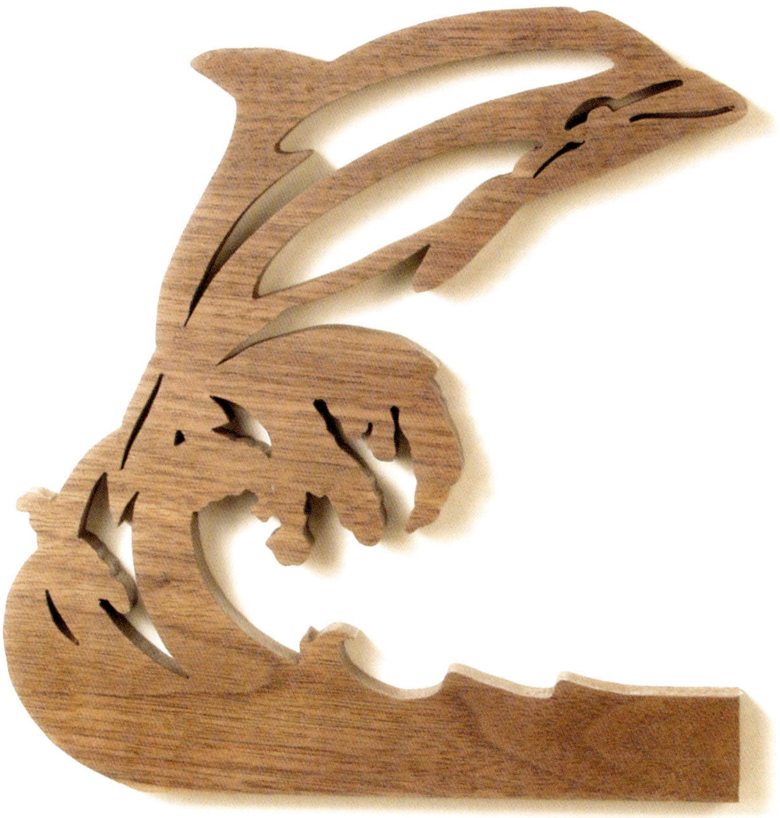

Wellenreiter (Delfin) – Vorlage Seite 14

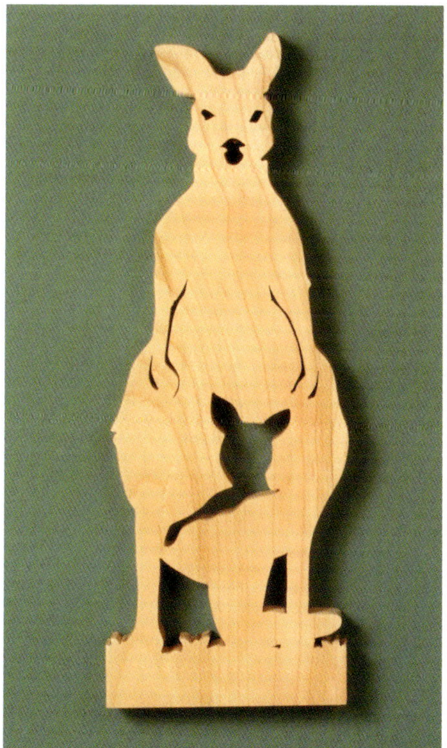

Gut behütet (Känguru) – Vorlage Seite 31

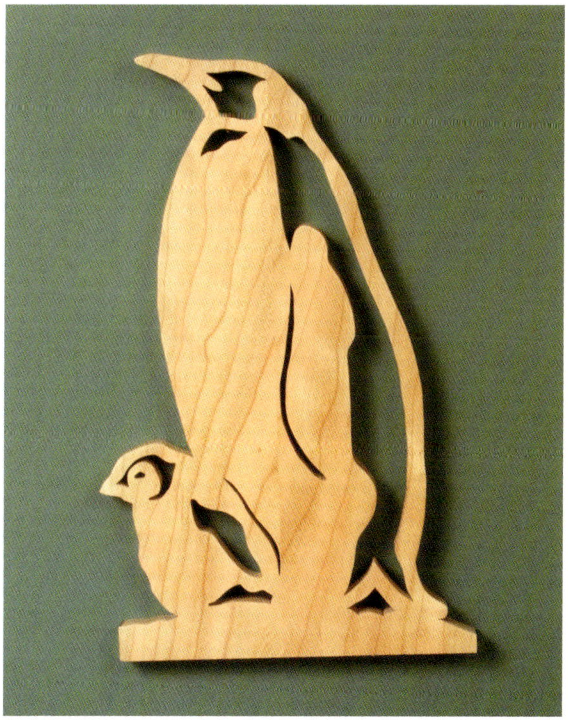

Vaterpflichten (Kaiserpinguin) – Vorlage Seite 54

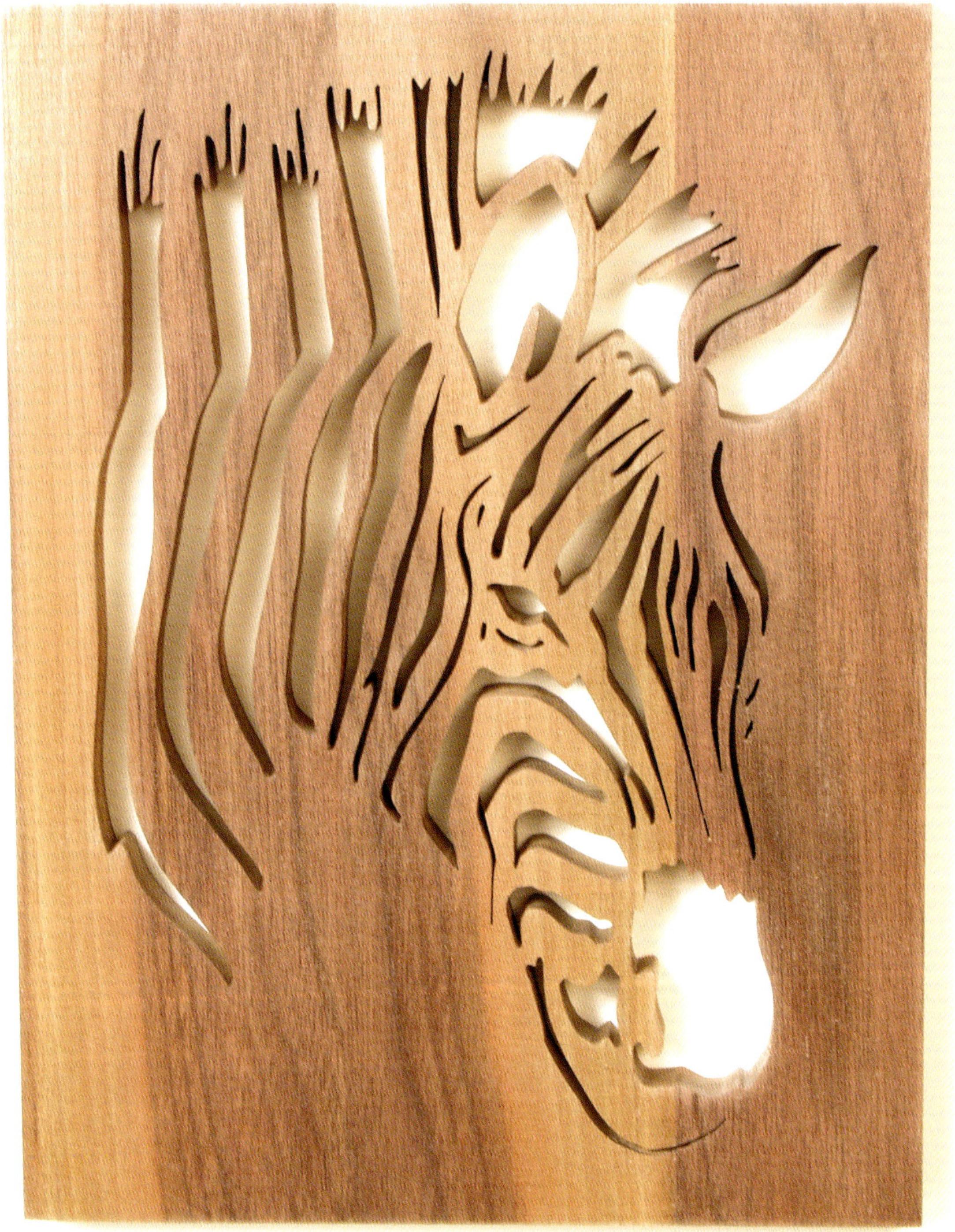

Dezent gestreift (Zebra) – Vorlage Seite 70

Ihm entgeht nichts

(Eisvogel)

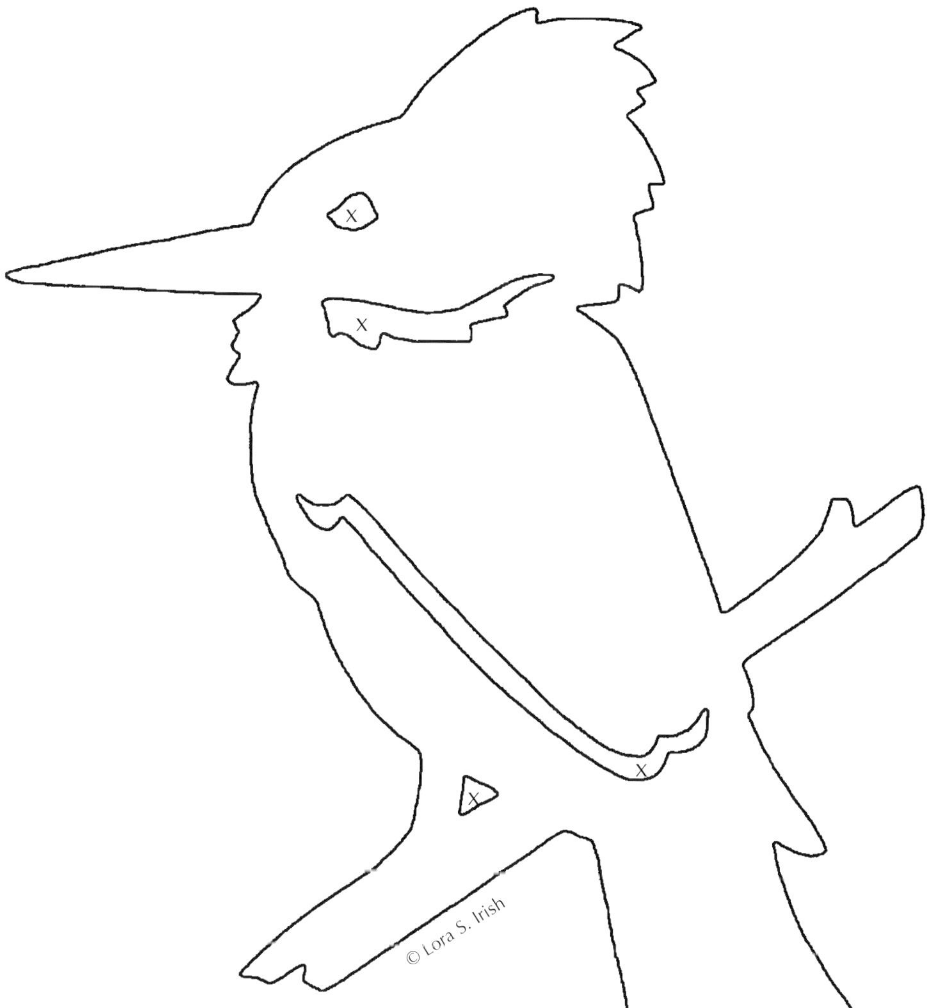

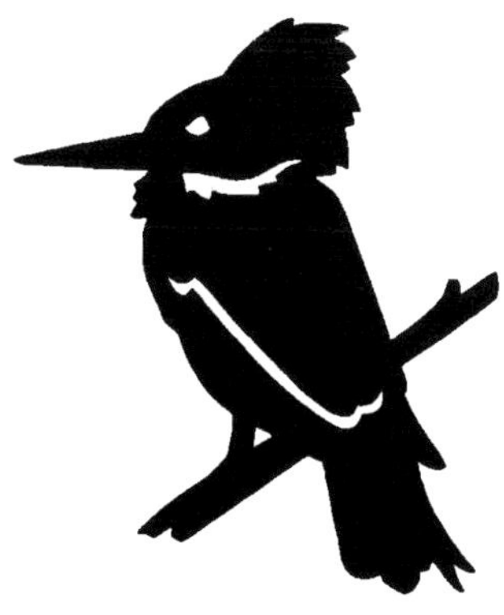

Possierlicher Teddy

(Koala)

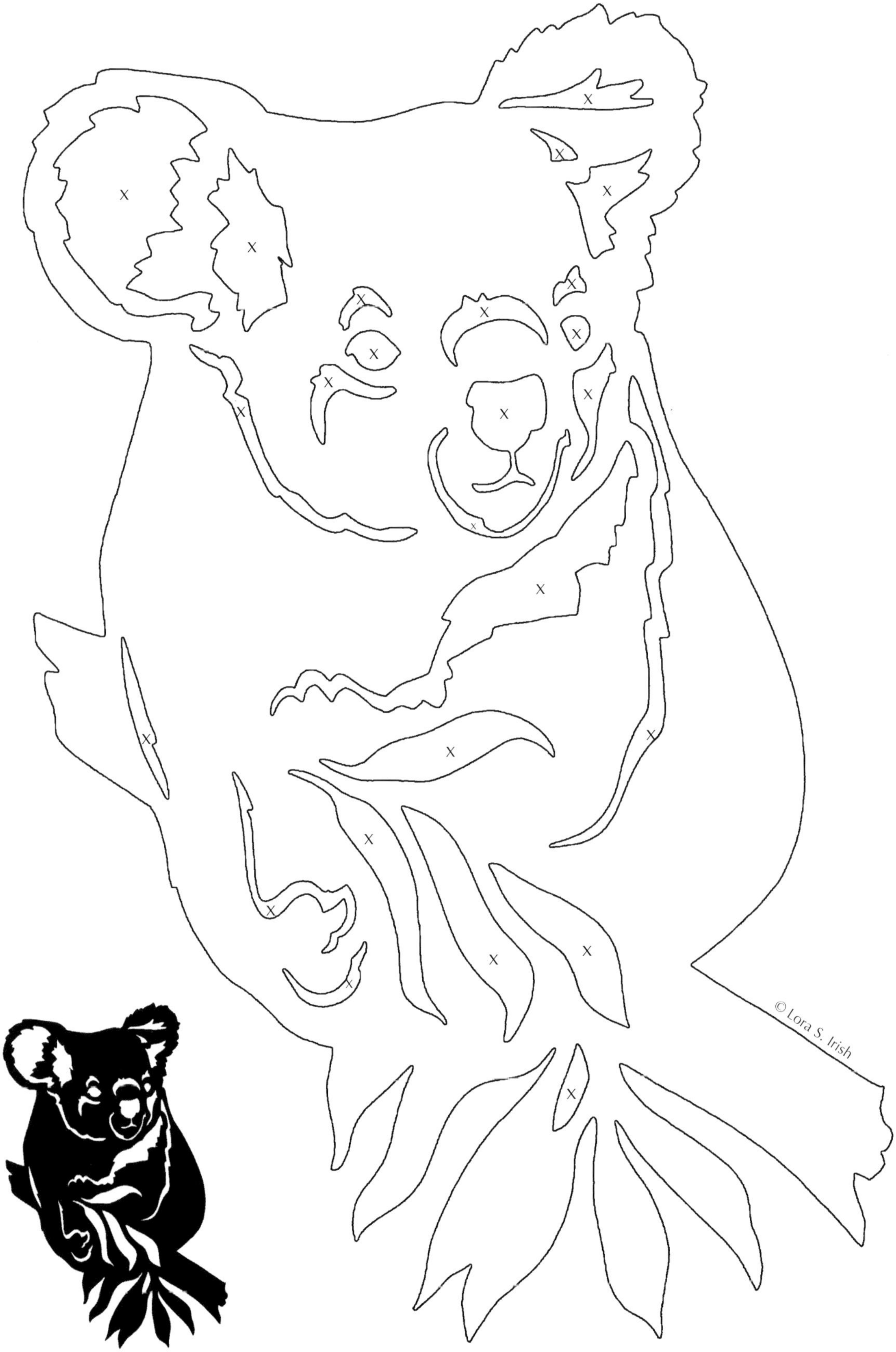

Scharfer Blick

(Großer Kudu)

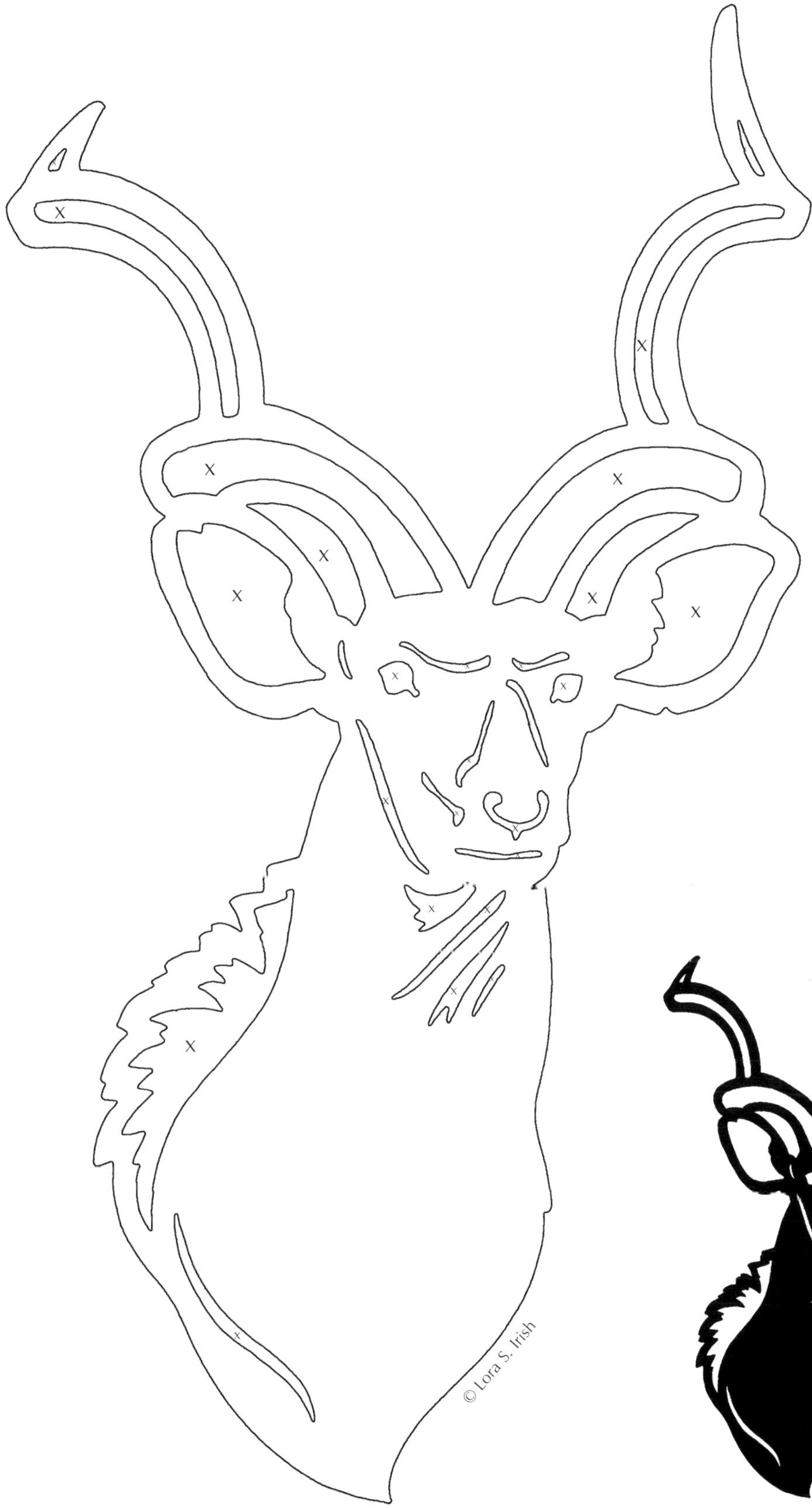

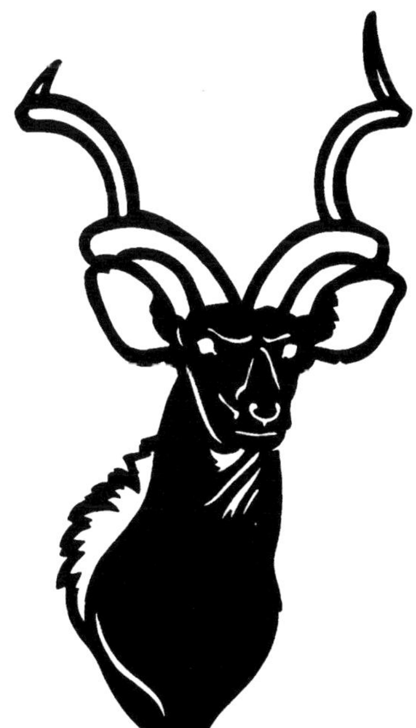

Auf der Pirsch

(Leopard)

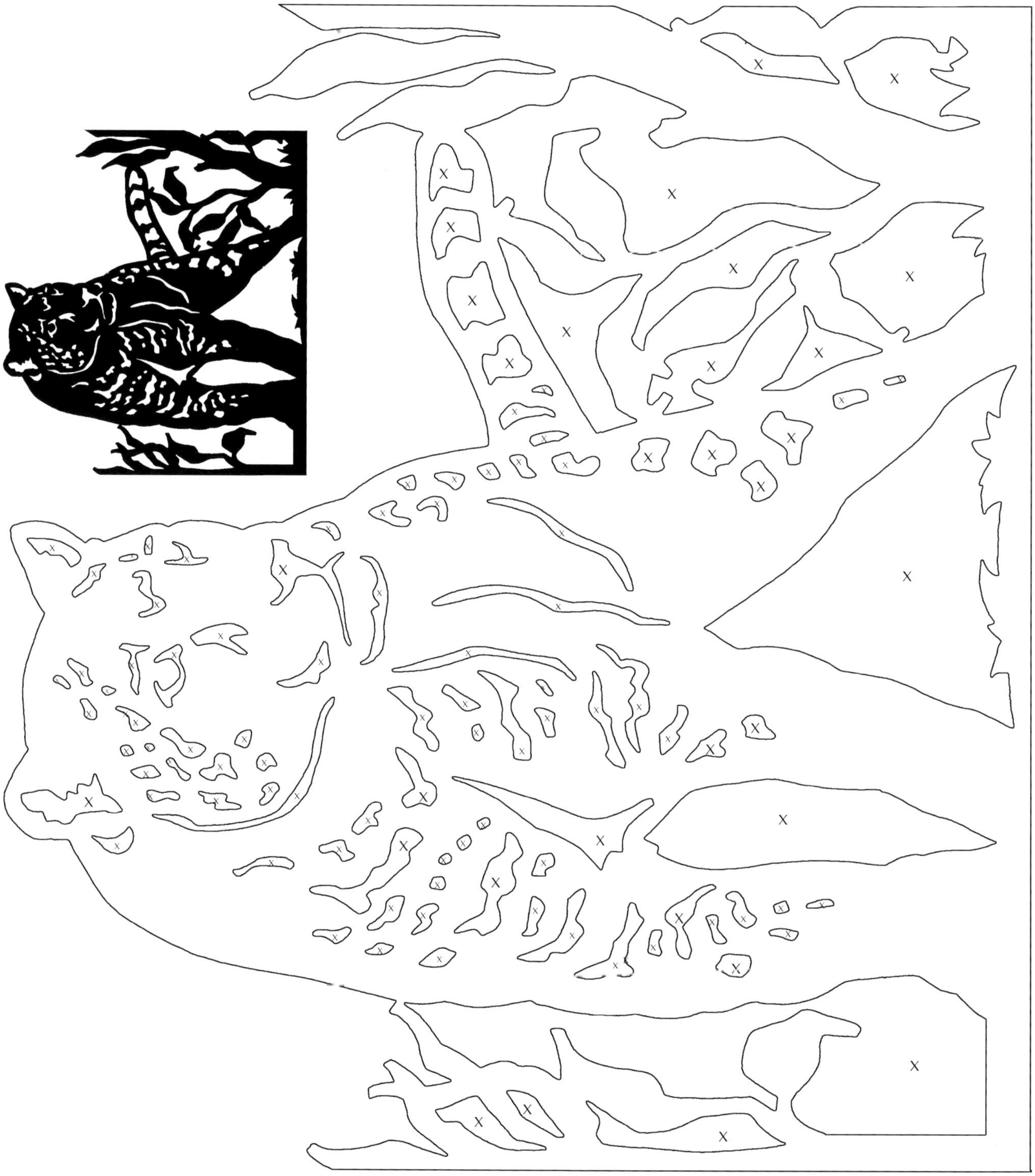

Jeder Zoll ein König

(Afrikanischer Löwe)

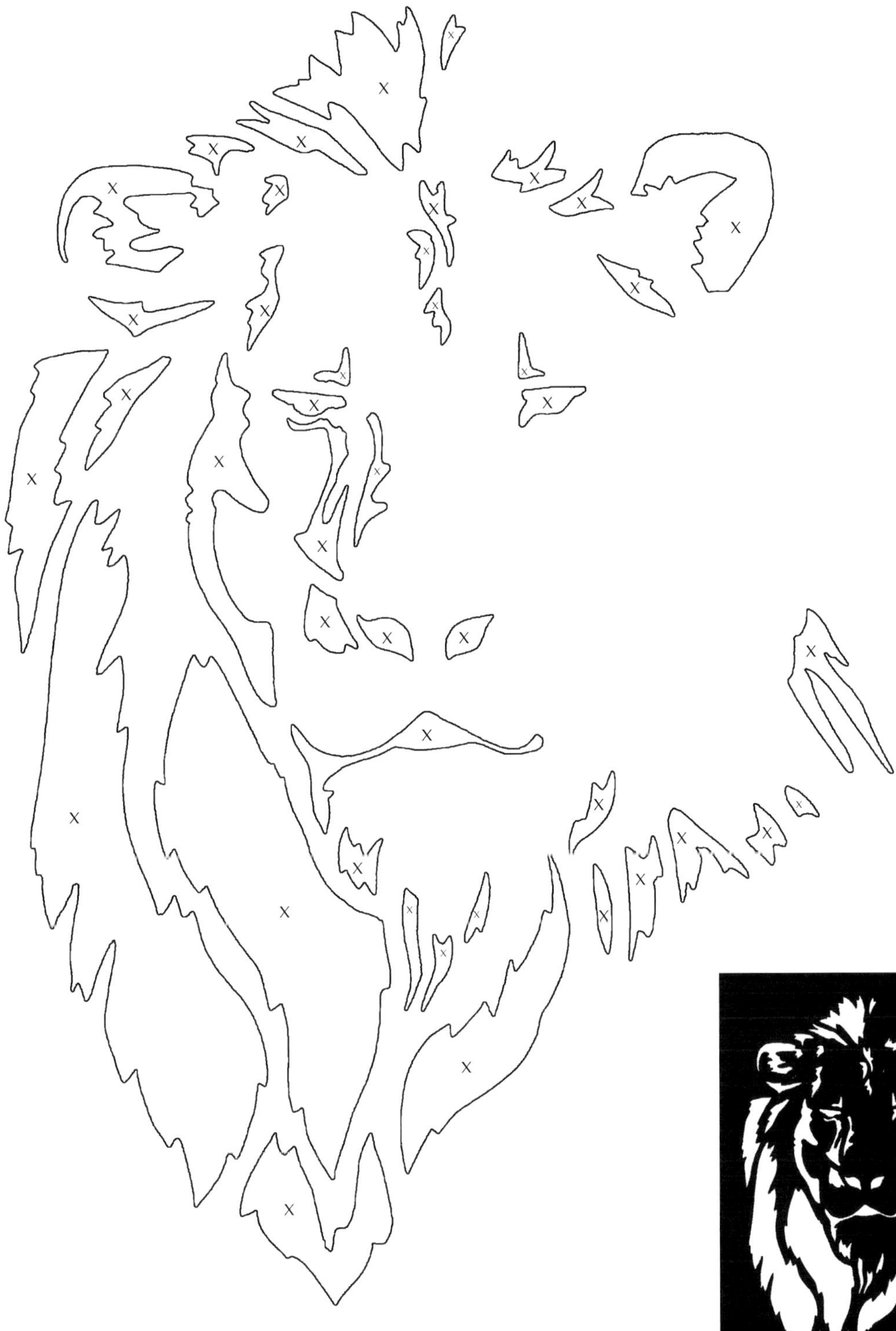

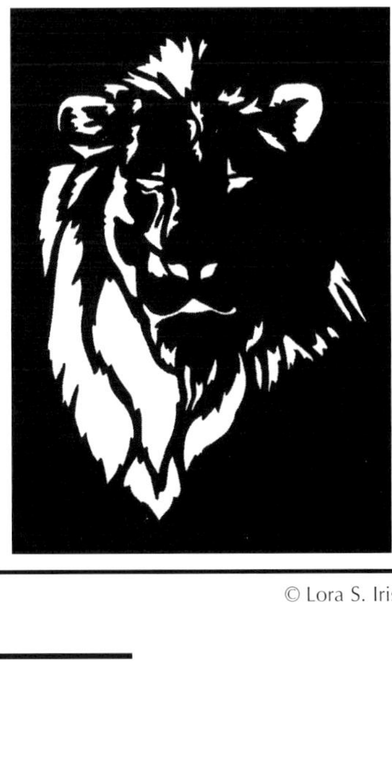

Mähnenpracht

(Afrikanischer Löwe)

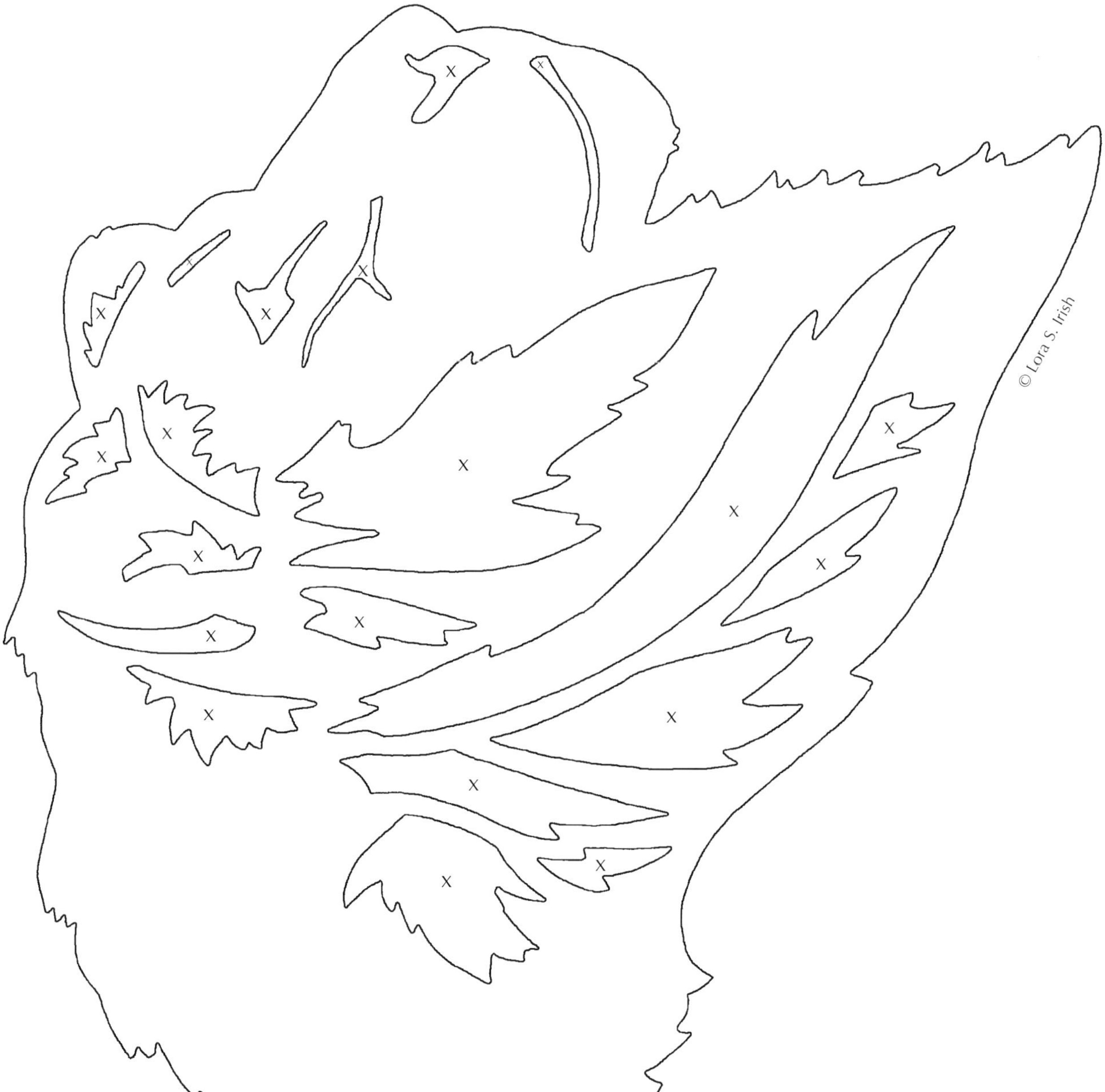

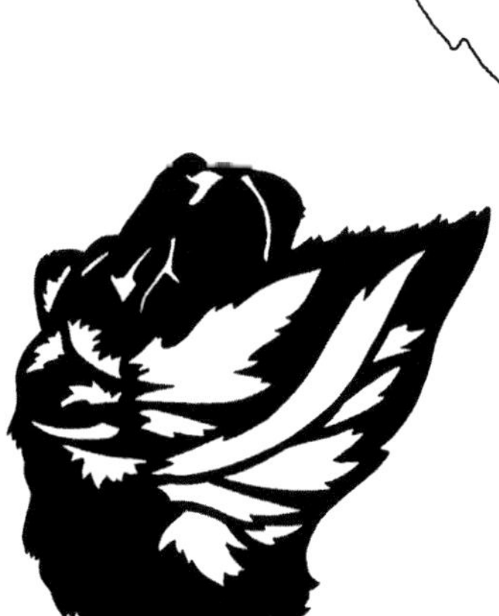

Gut gebrüllt

(Afrikanischer Löwe)

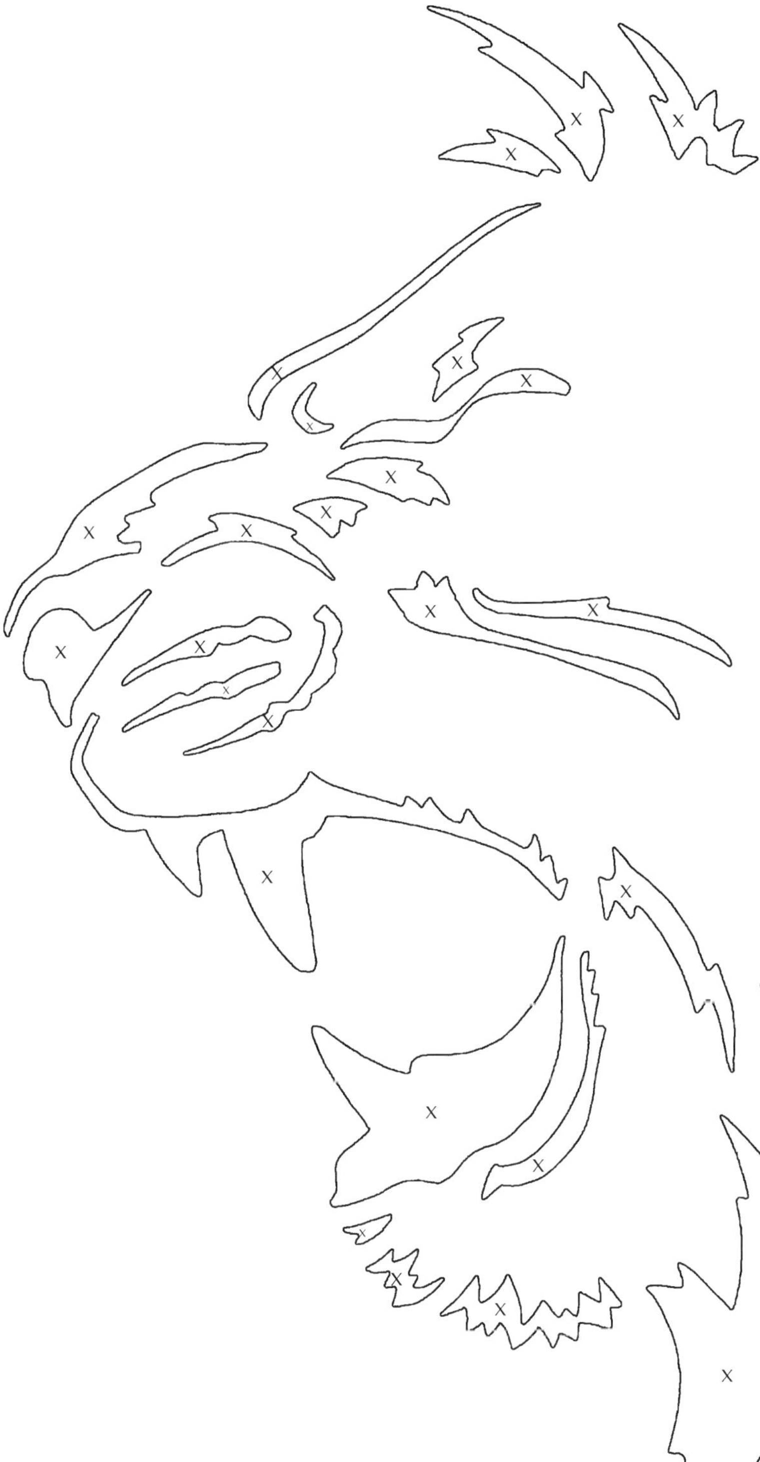

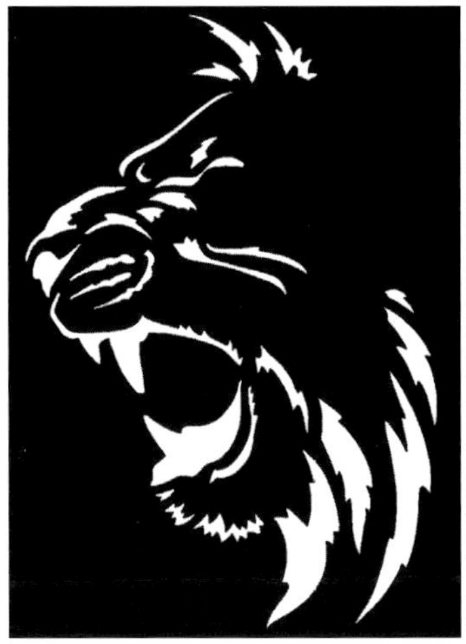

Auf steilem Pfad

(Lama)

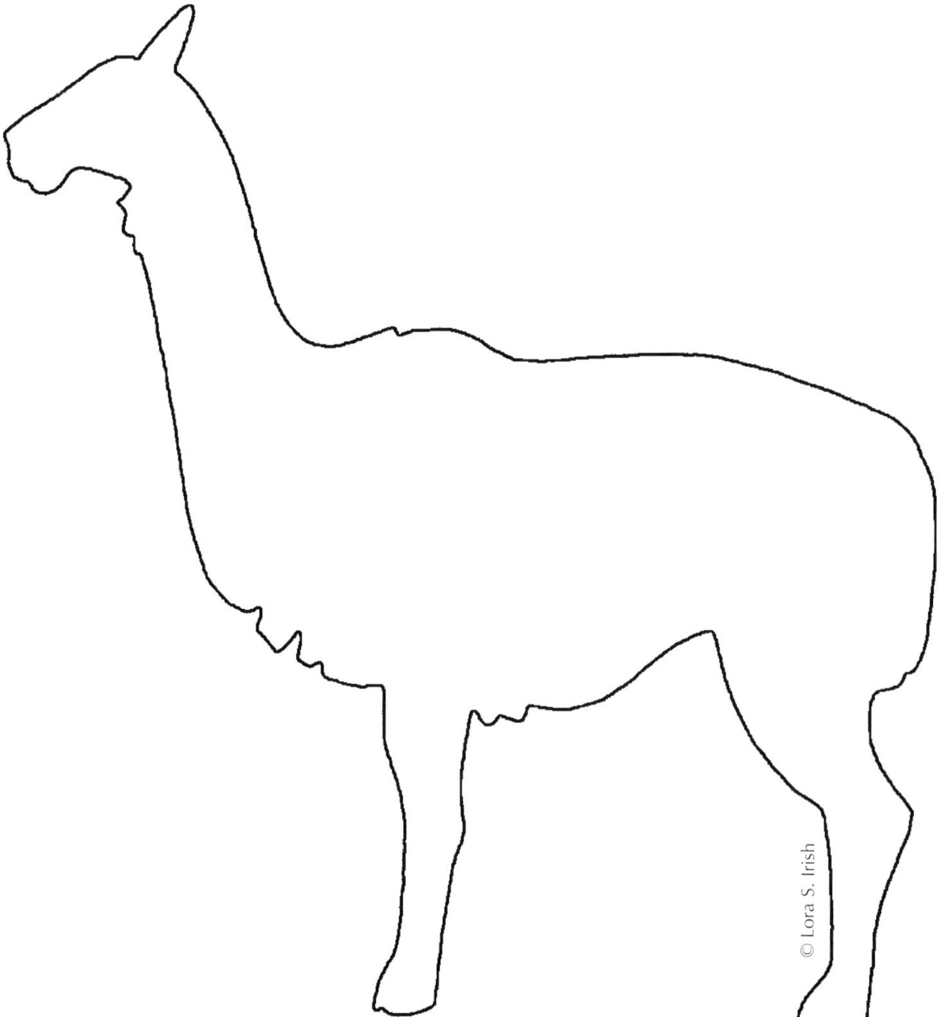

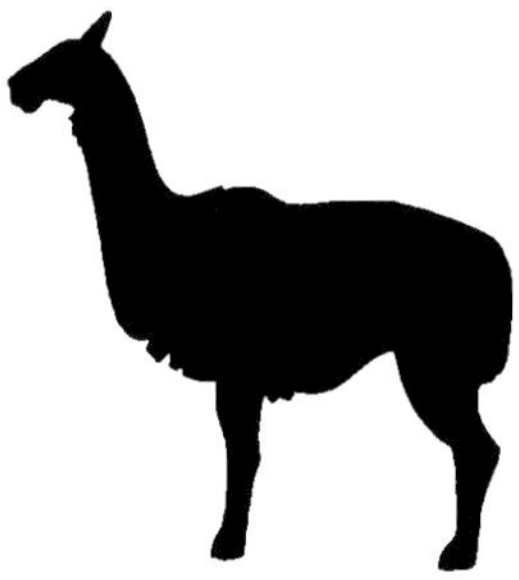

Alle für einen

(Erdmännchen)

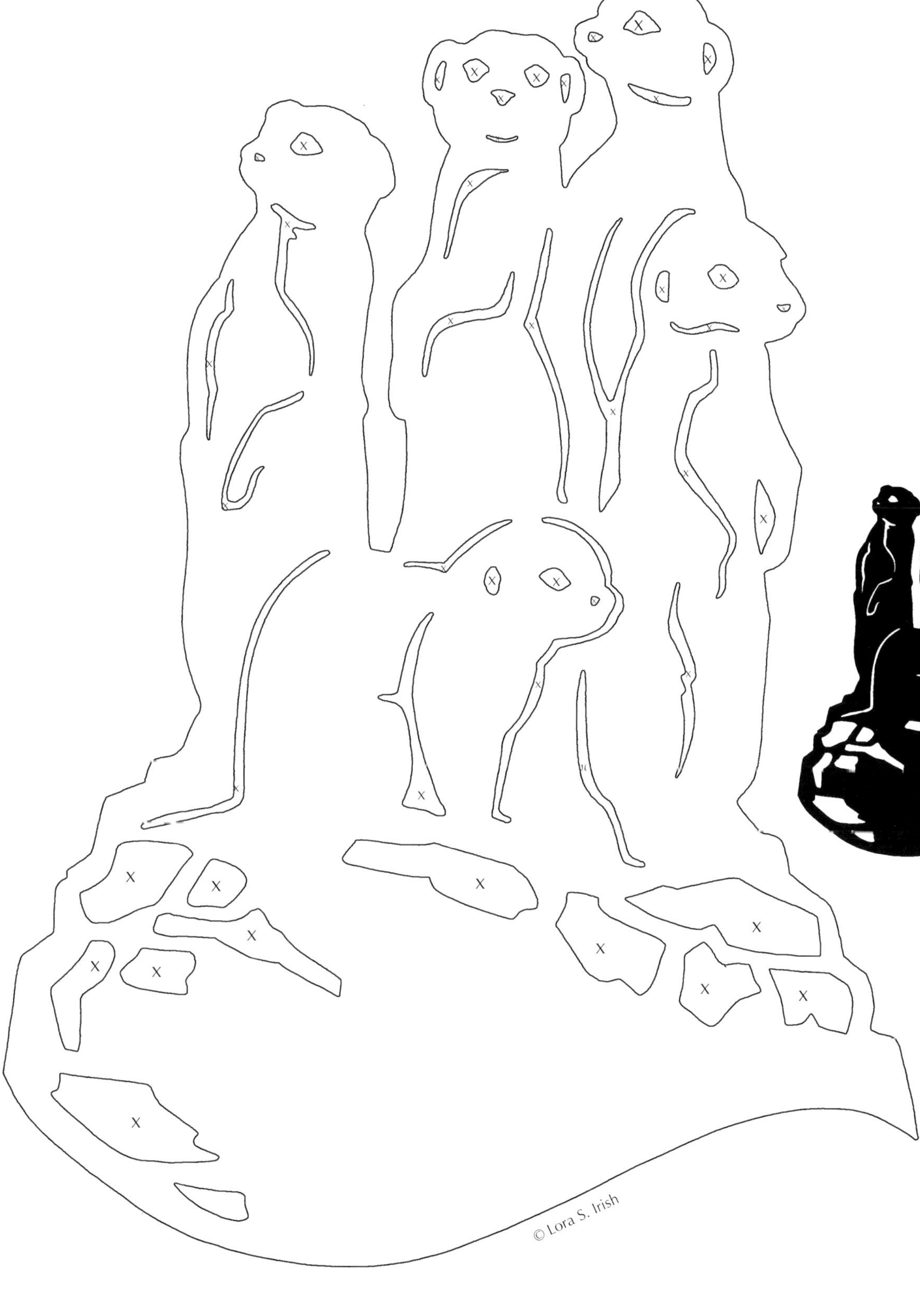

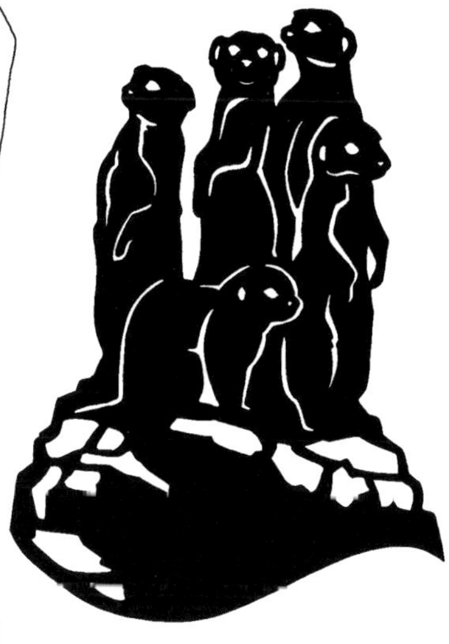

Partnerschaft

(Vogel Strauß)

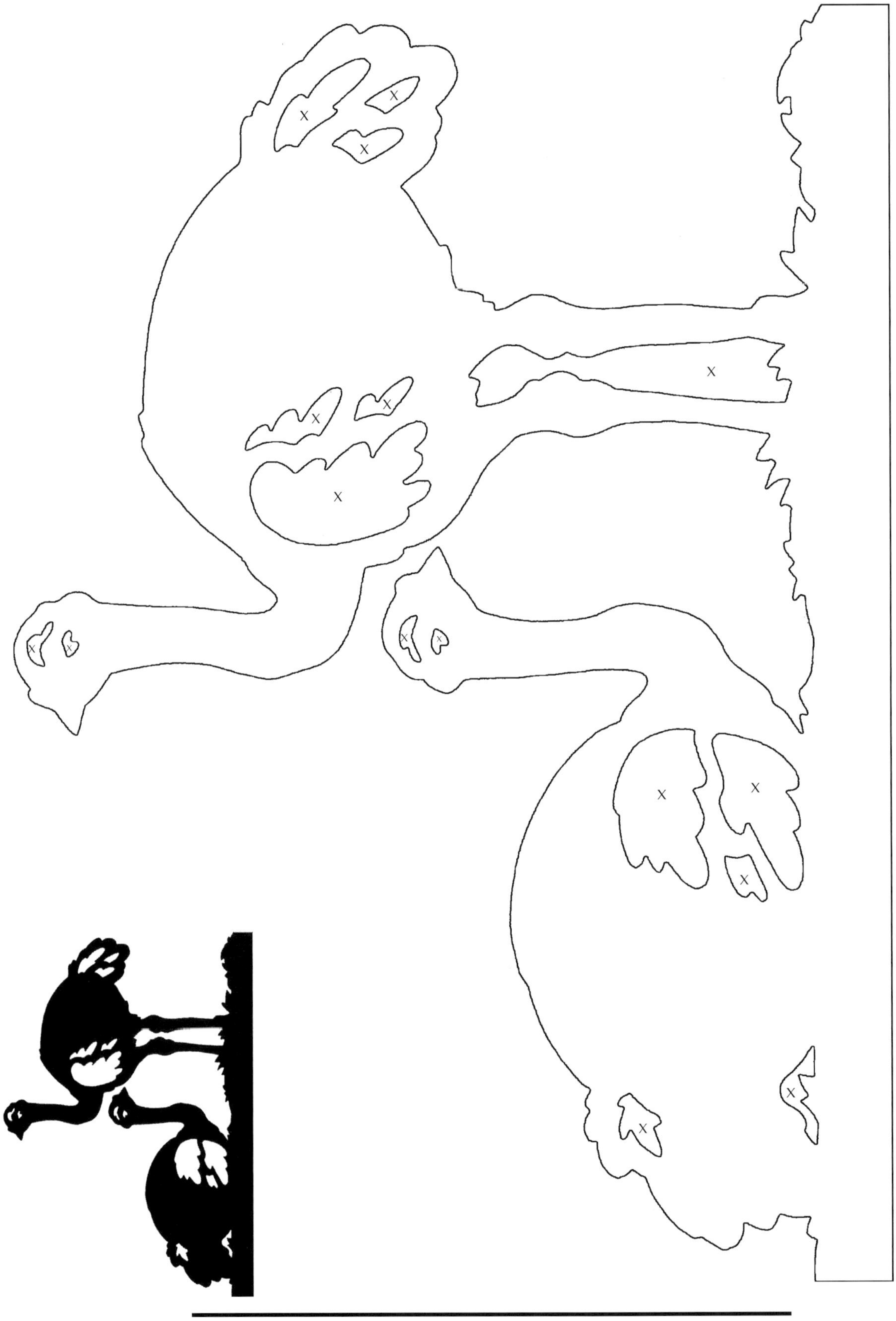

Mahlzeit!

(Panda)

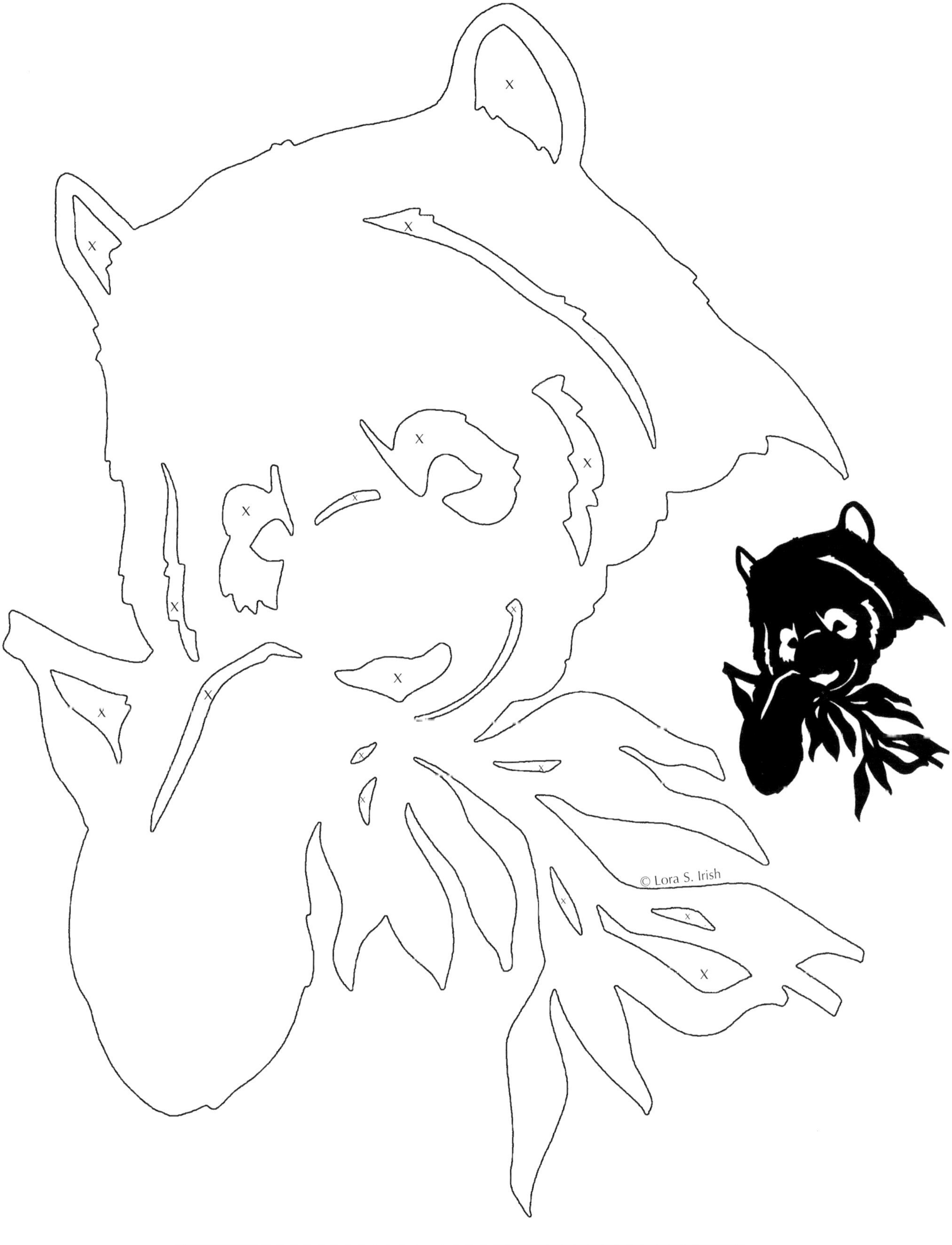

Schatten des Dschungels

(Schwarzer Panther)

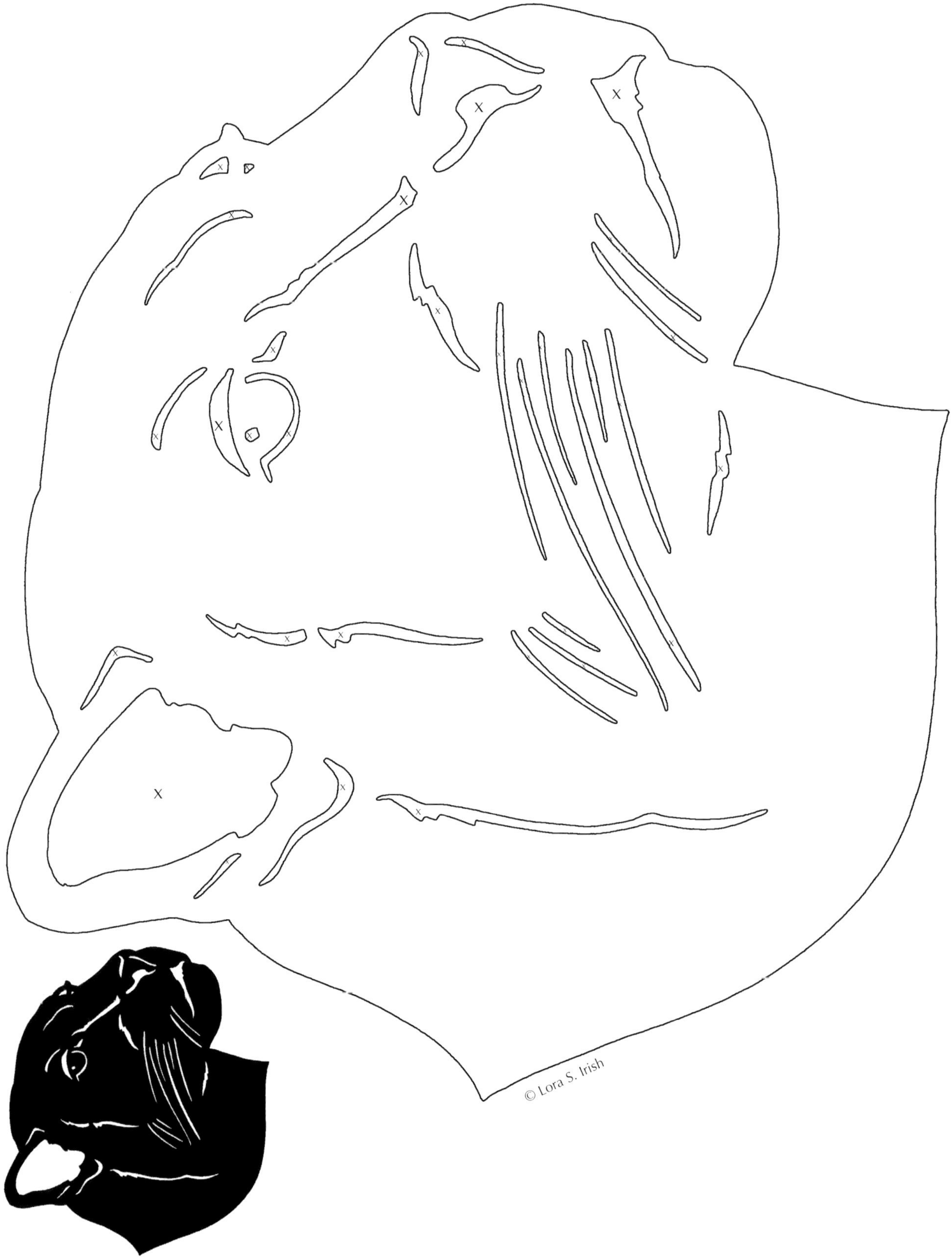

Loras Lieblingsplatz

(Papagei)

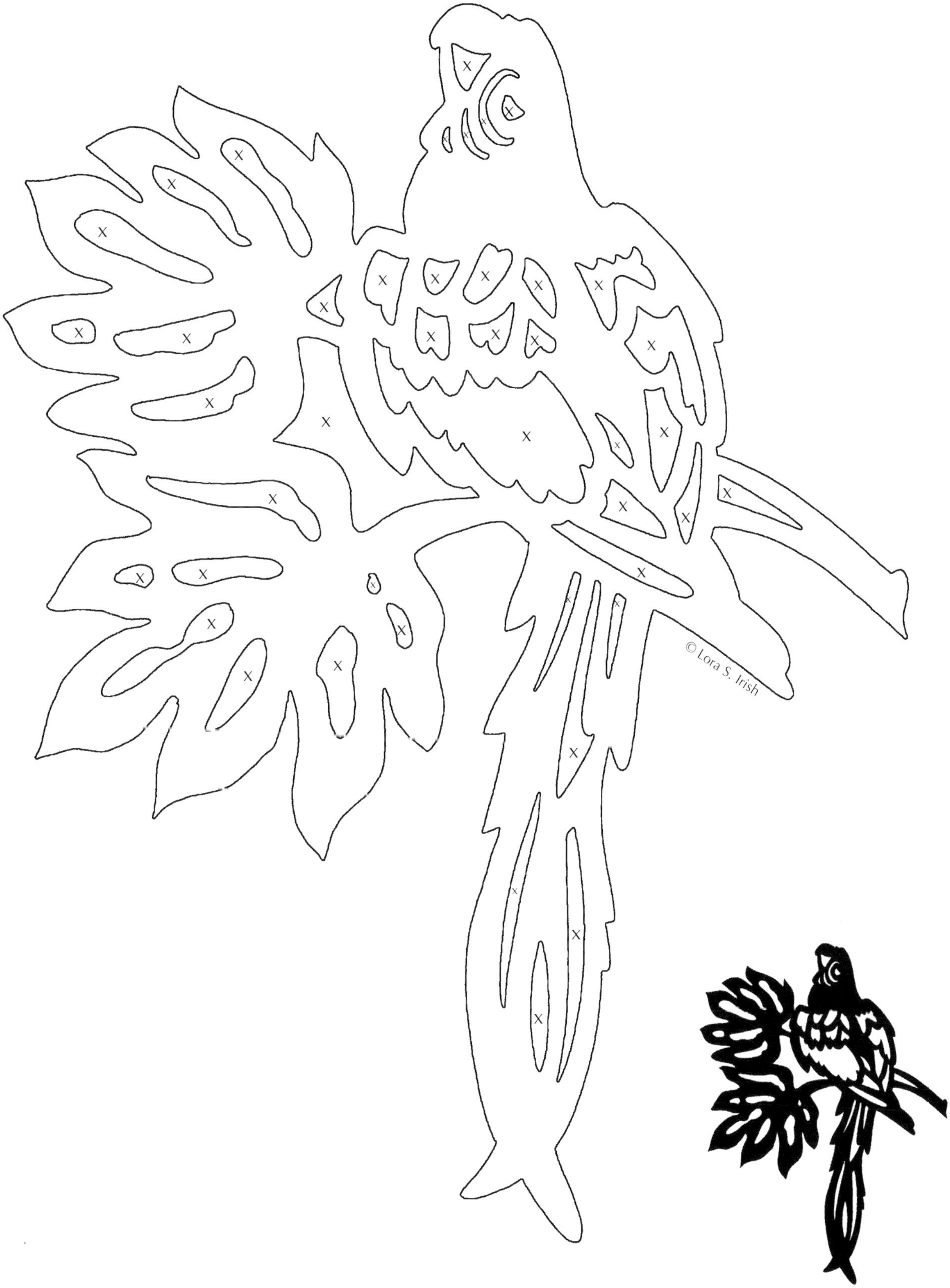

Prachtgefieder

(Papagei)

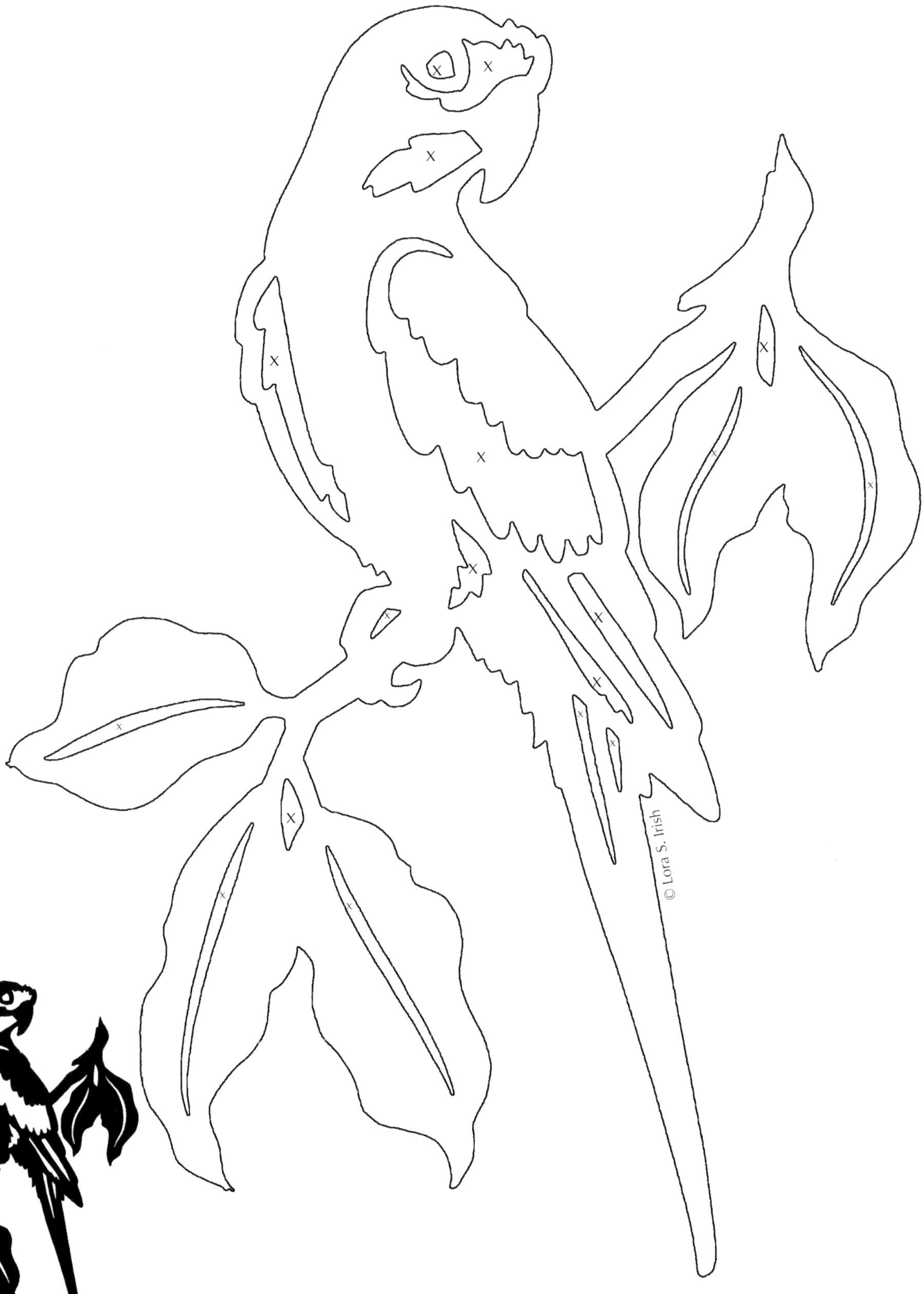

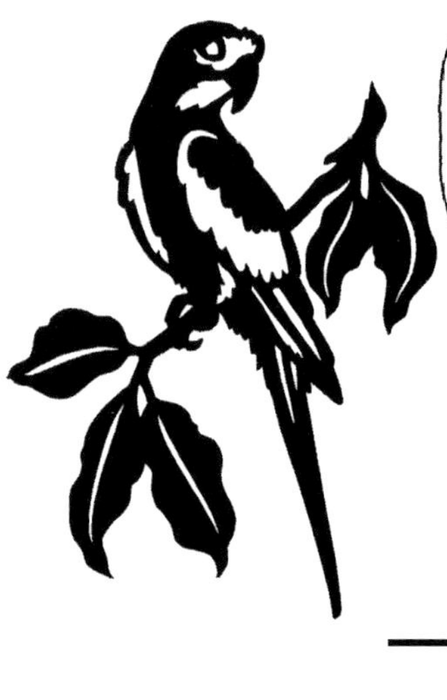

Käpt'n Flint

(Papagei)

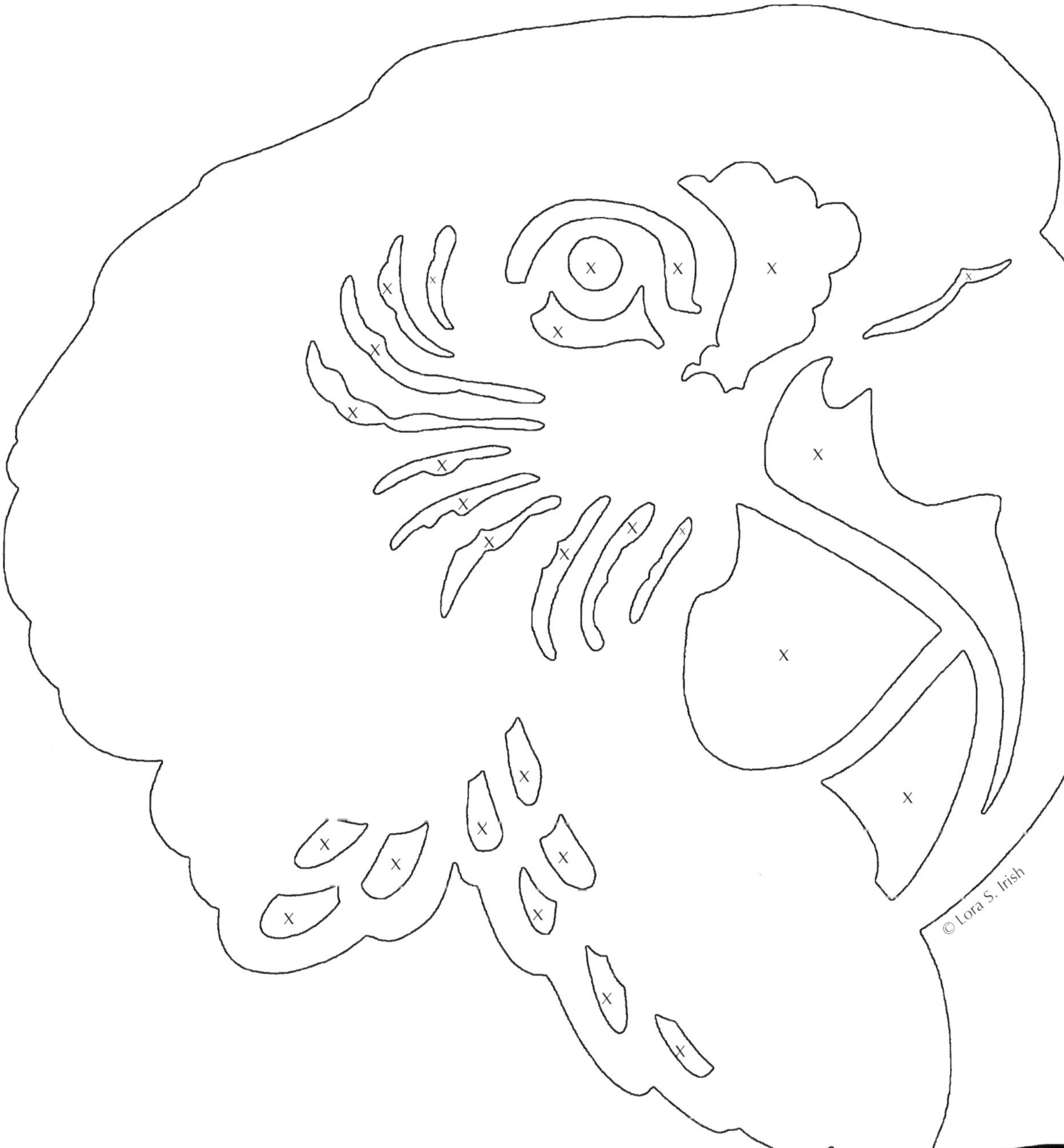

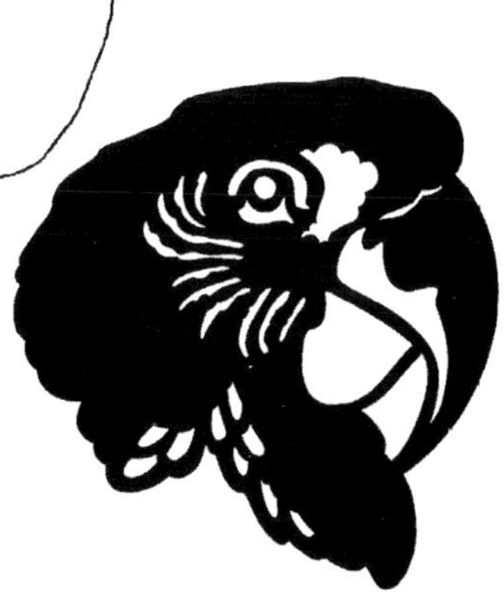

Vaterpflichten

(Kaiserpinguin)

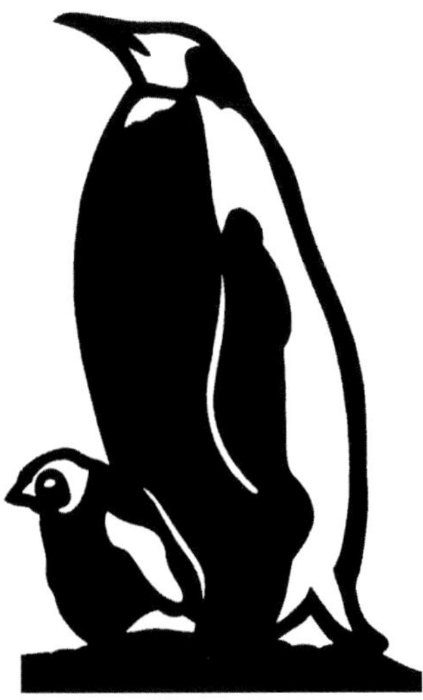

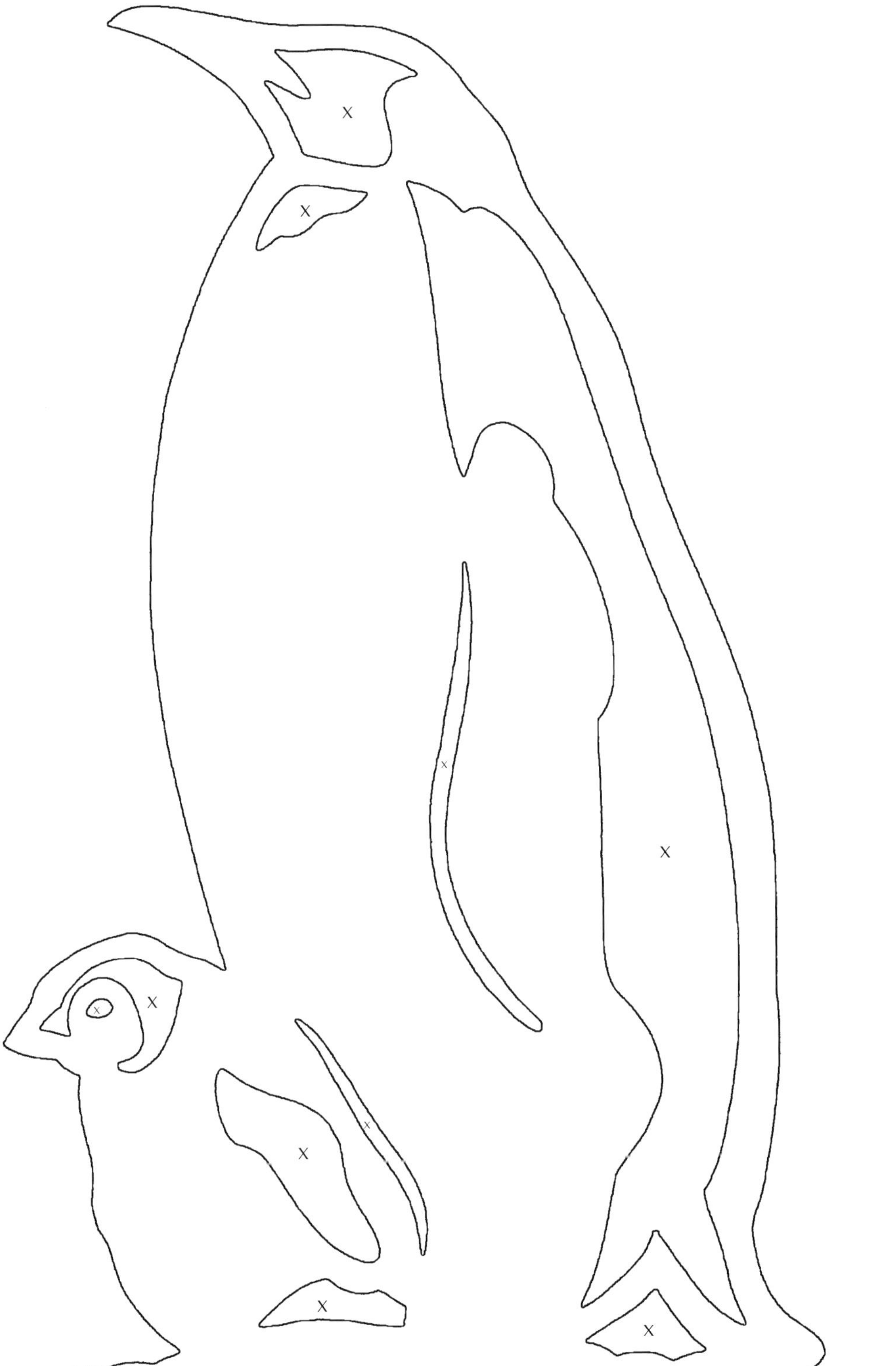

König der Arktis

(Eisbär)

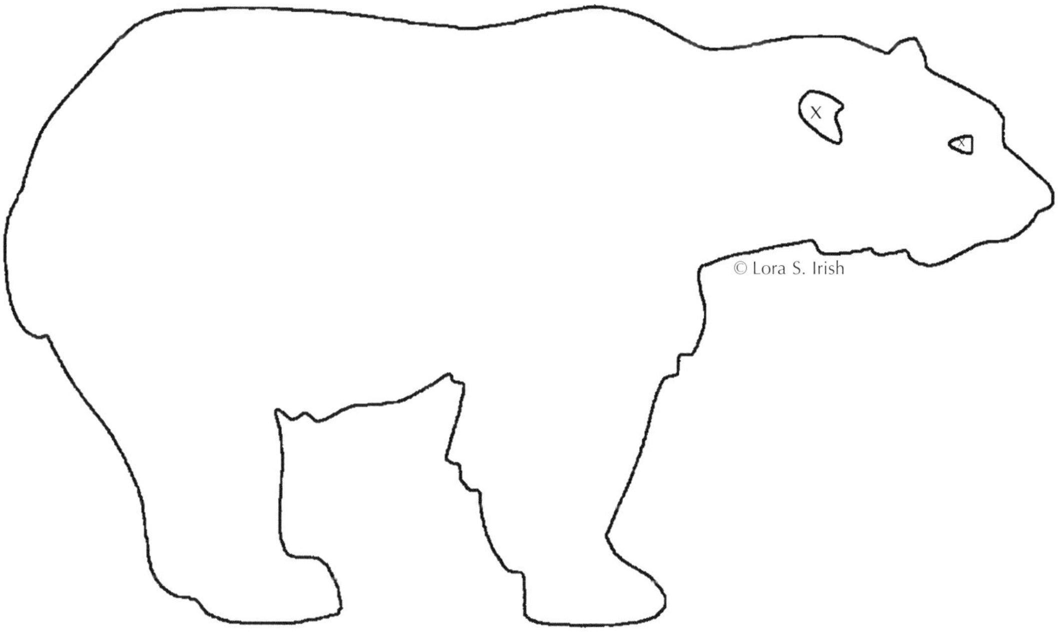

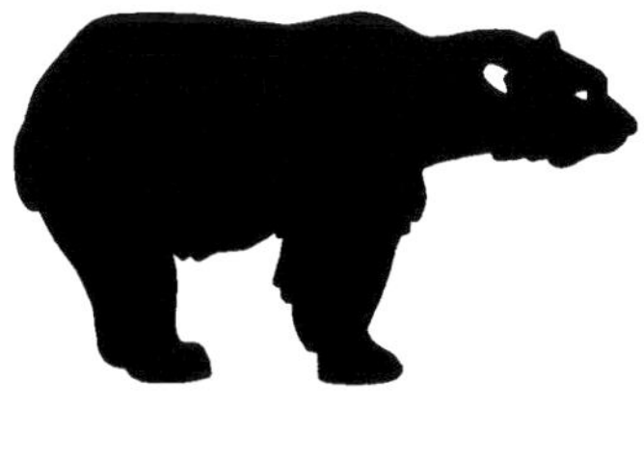

Stolzes Gehörn

(Dickhornschaf)

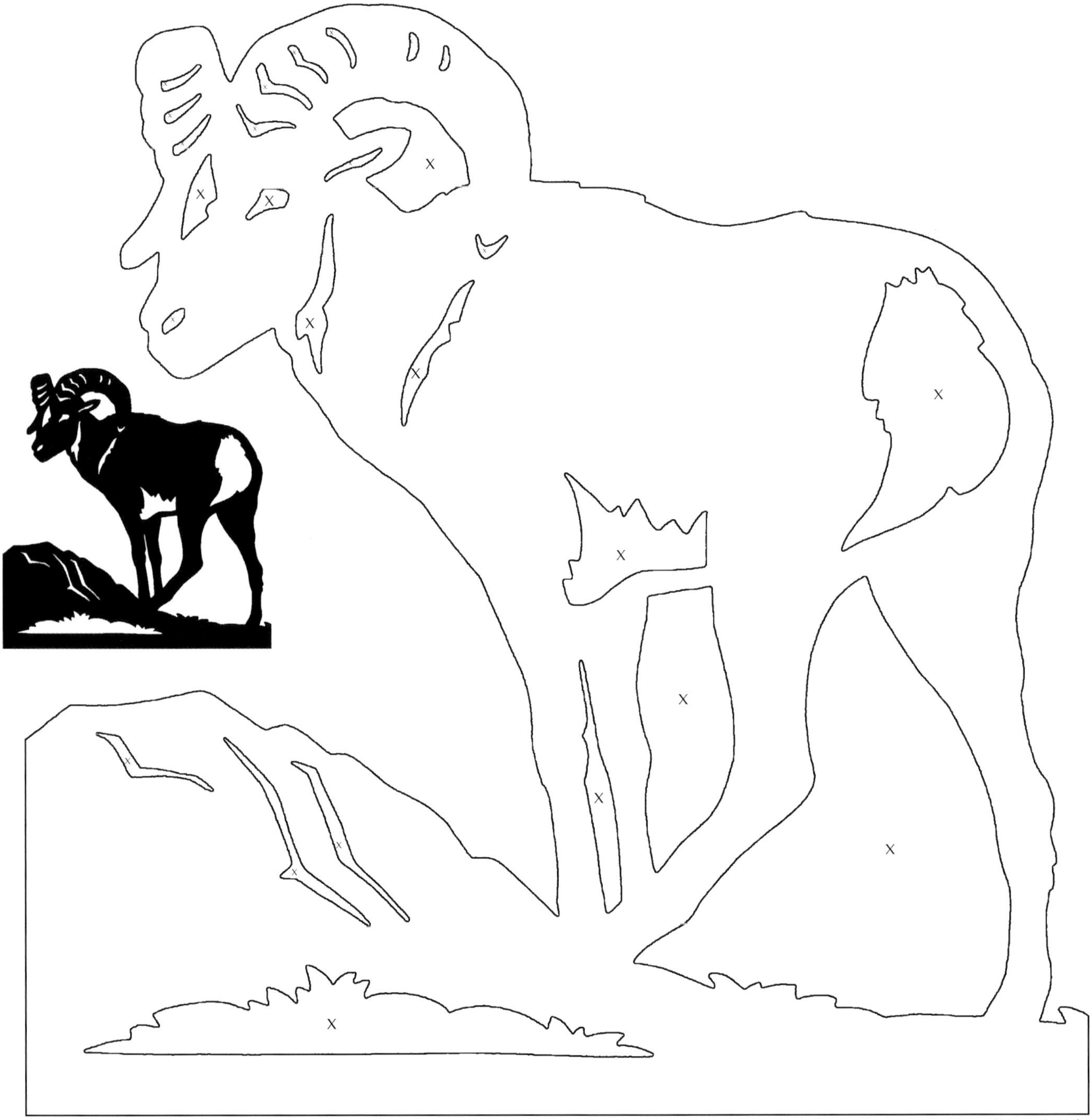

Weidetier der Tundra

(Rentier)

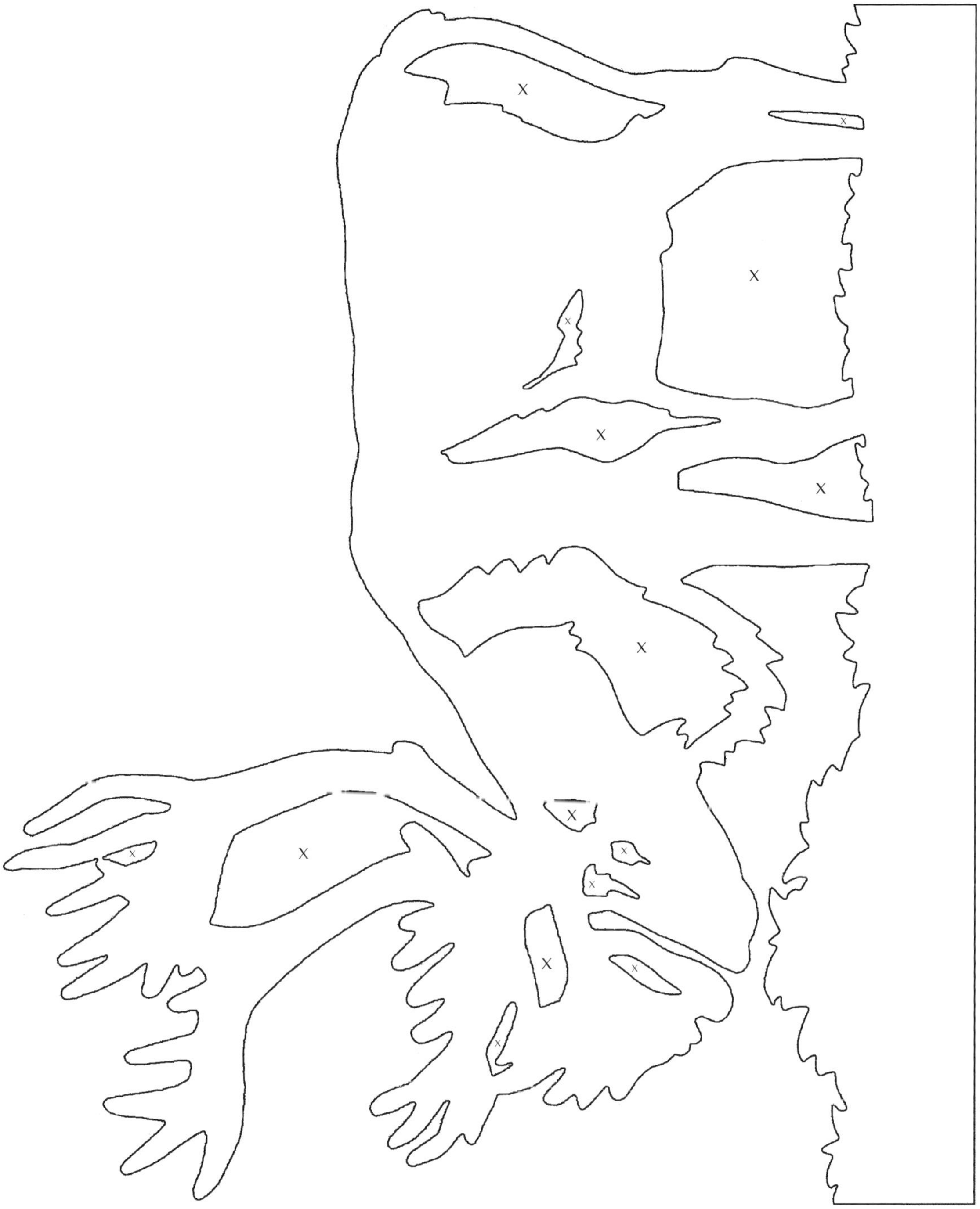

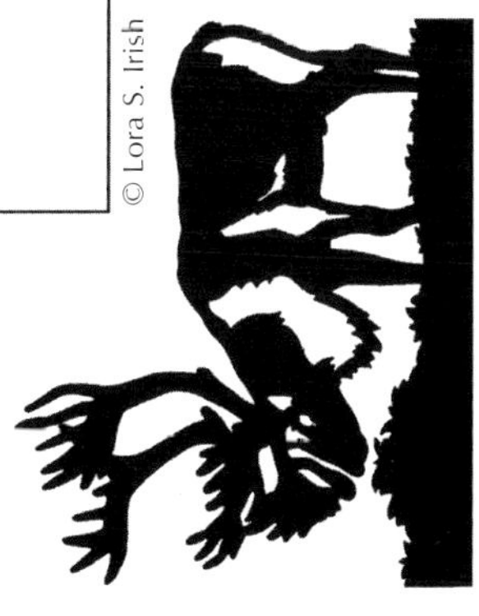

Vorsicht, nicht reizen!

(Nashorn)

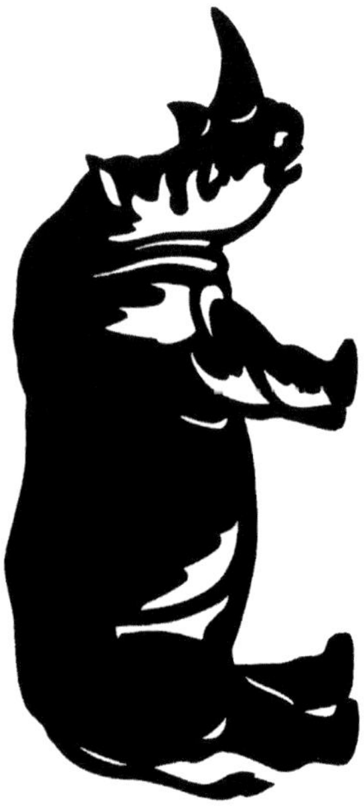

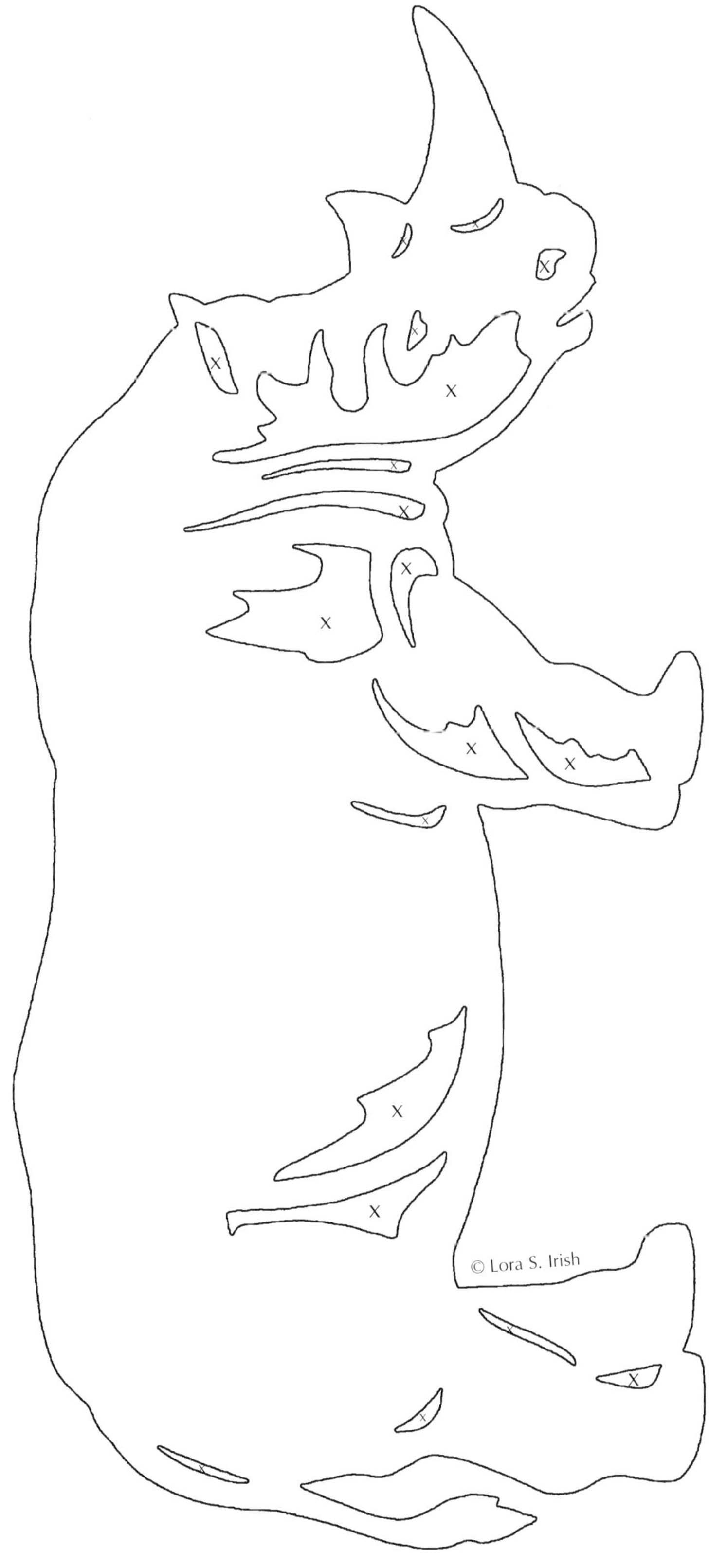

Auszeit zum Äsen

(Nashorn)

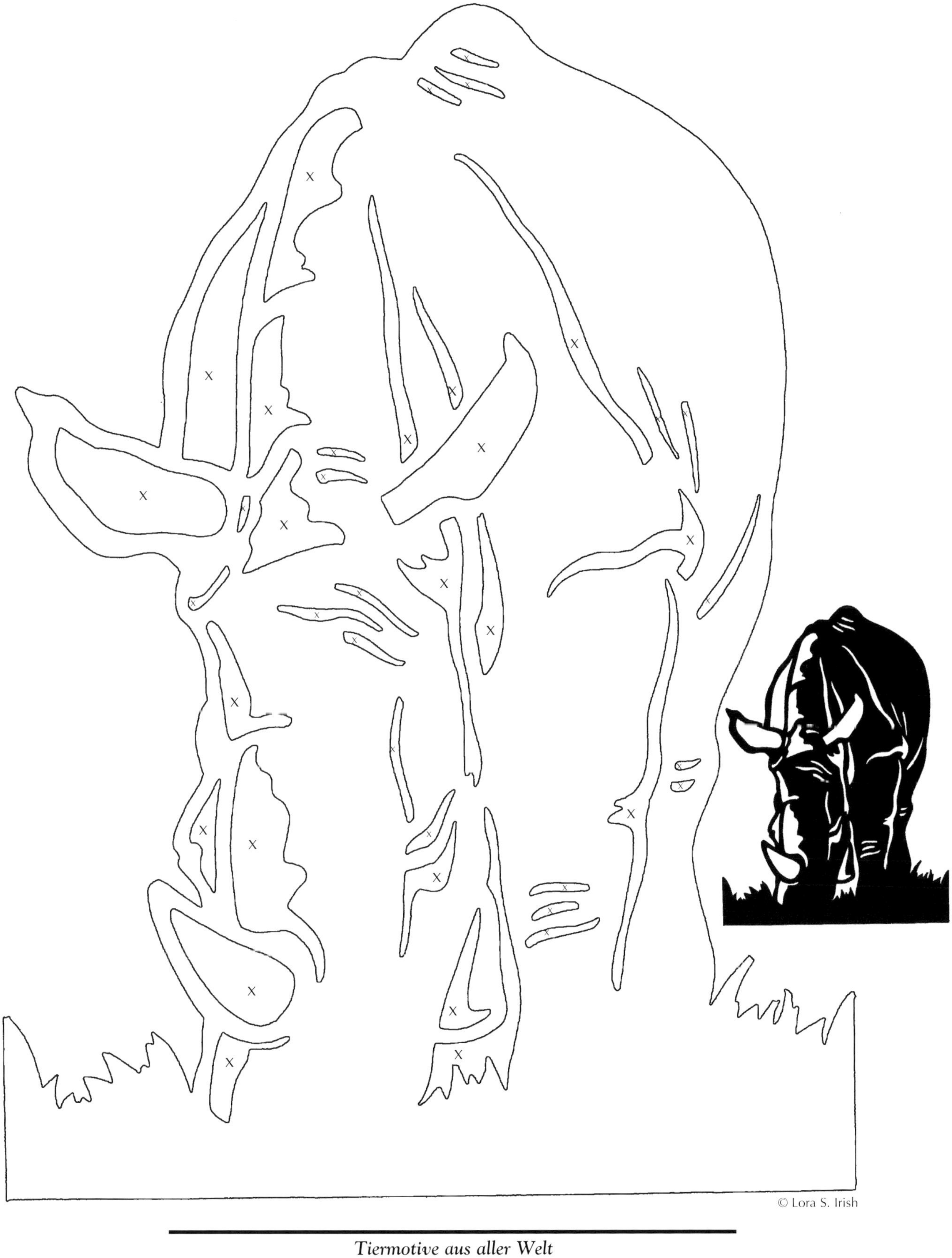

Kleiner Schlaumeier

(Katzenfrett)

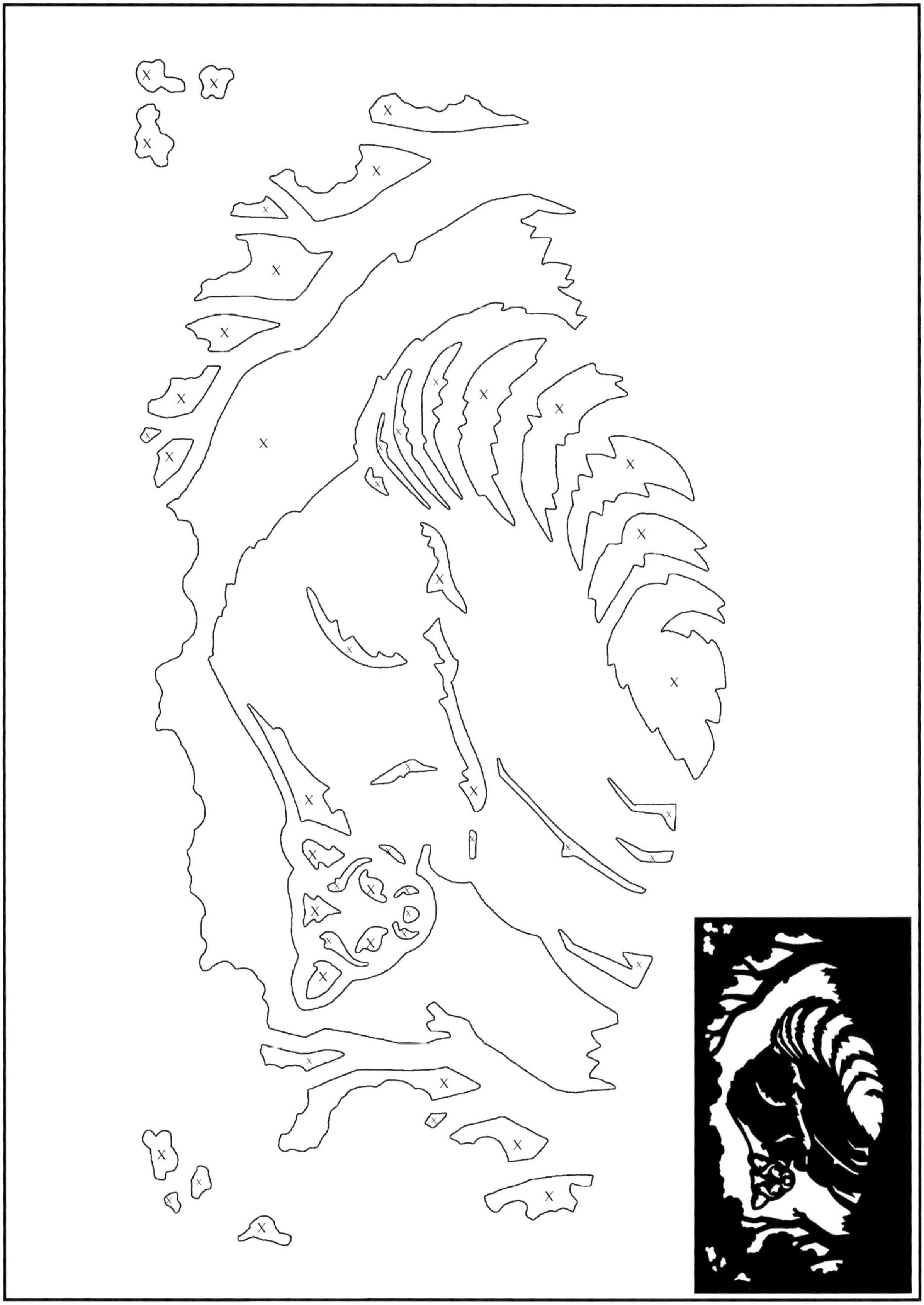

Gut geerdet

(Junger Seehund)

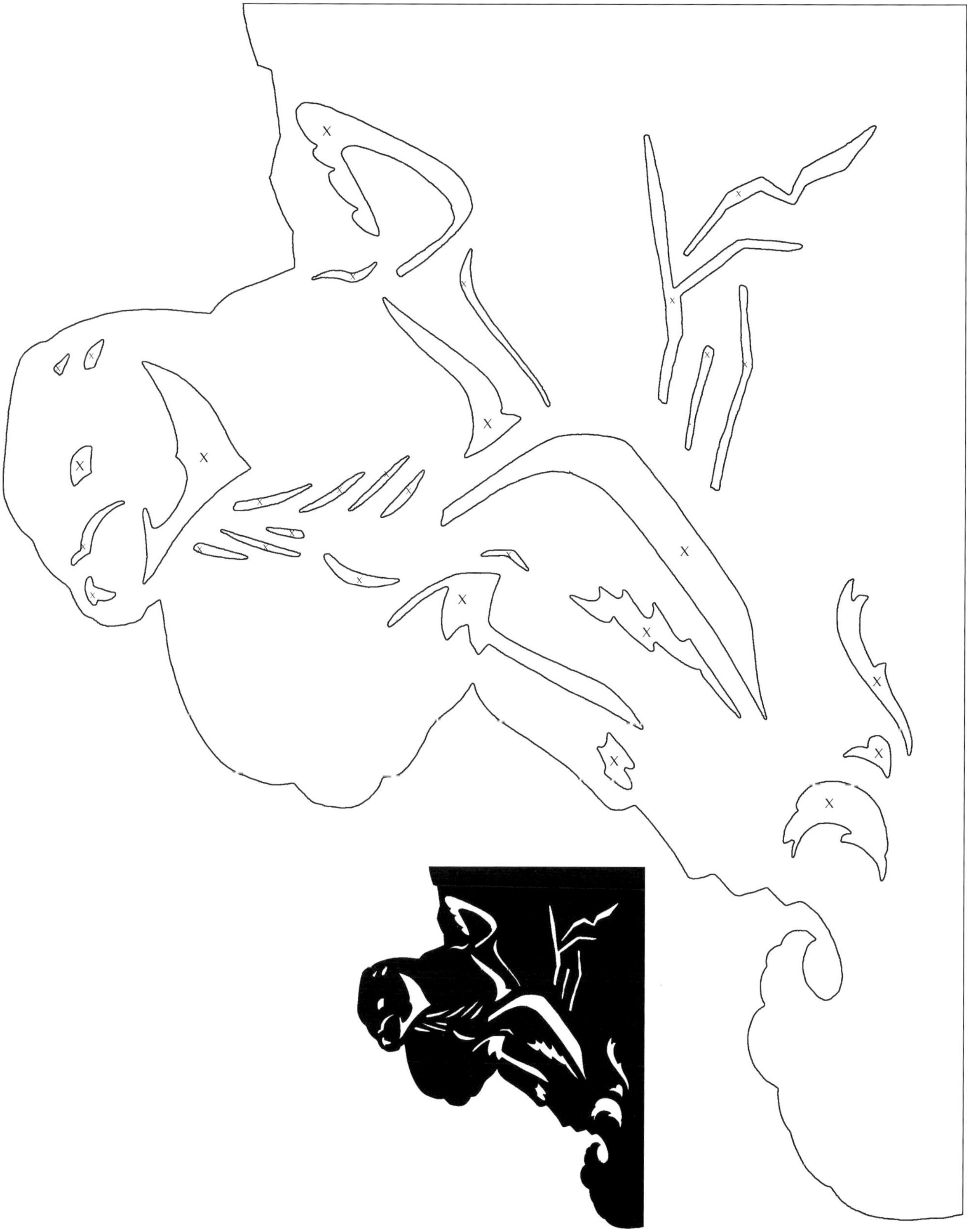

Leichtfüßig

(Springbock)

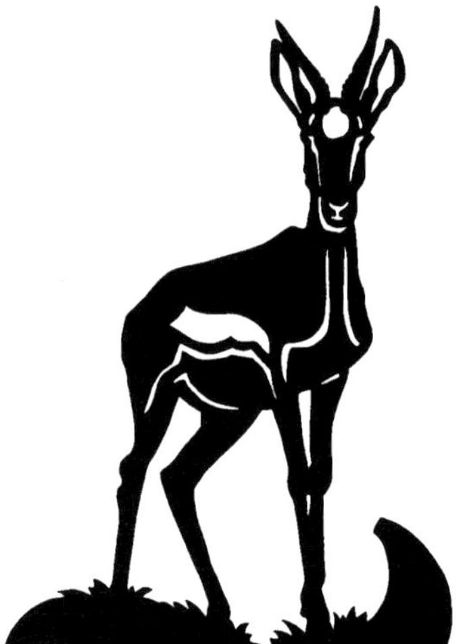

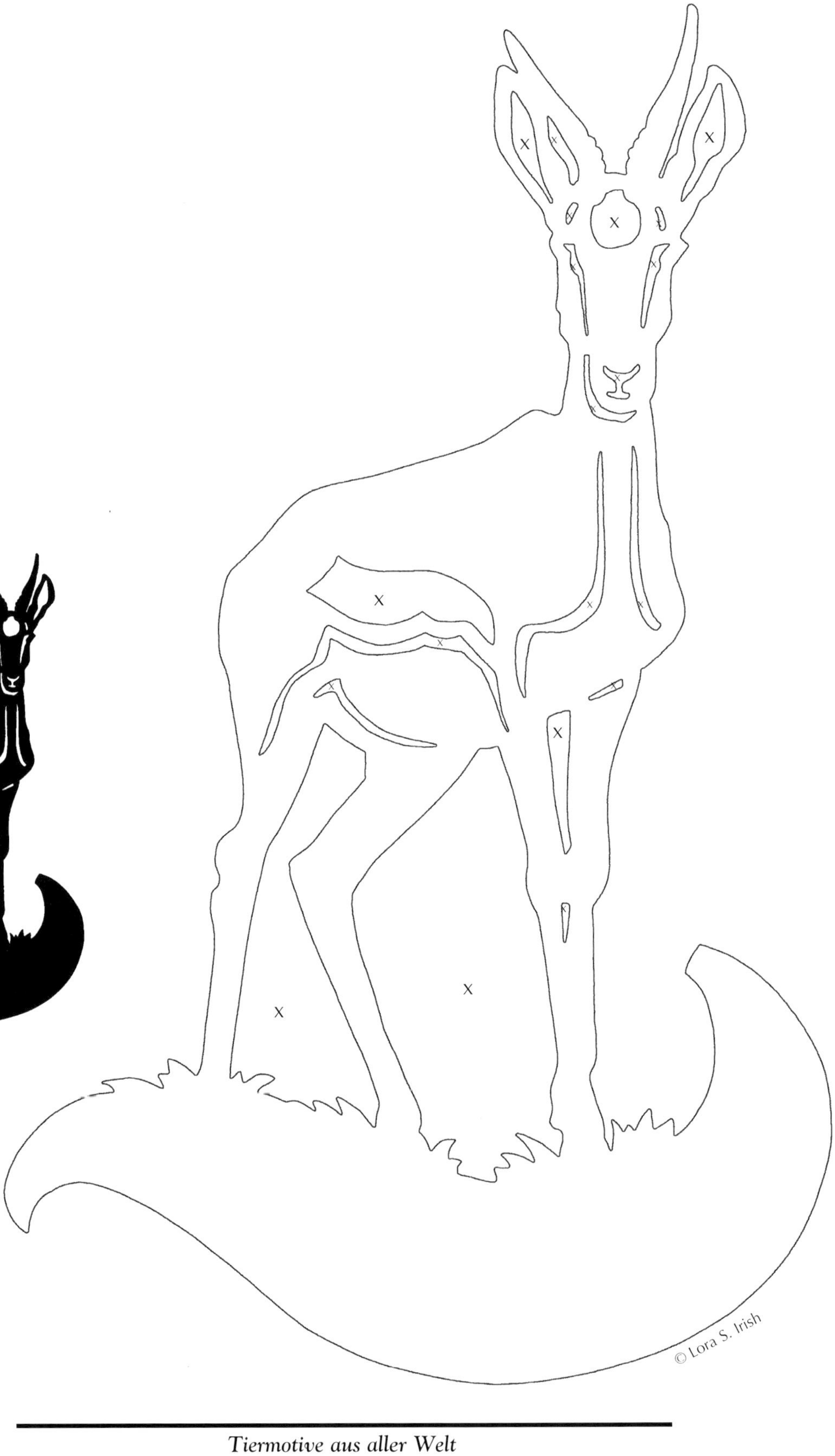

Beherrscher des Dschungels

(Bengalischer Tiger)

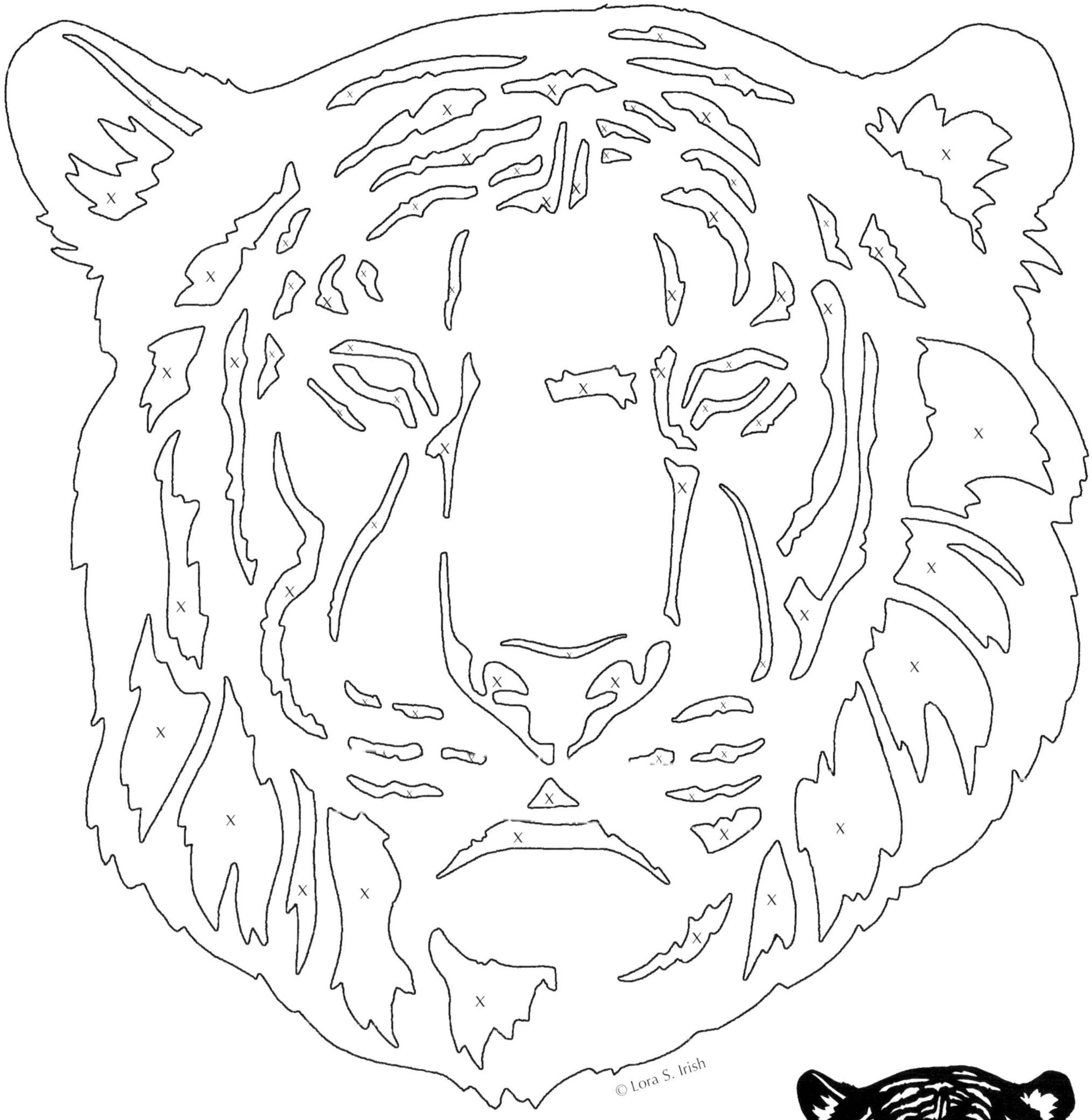

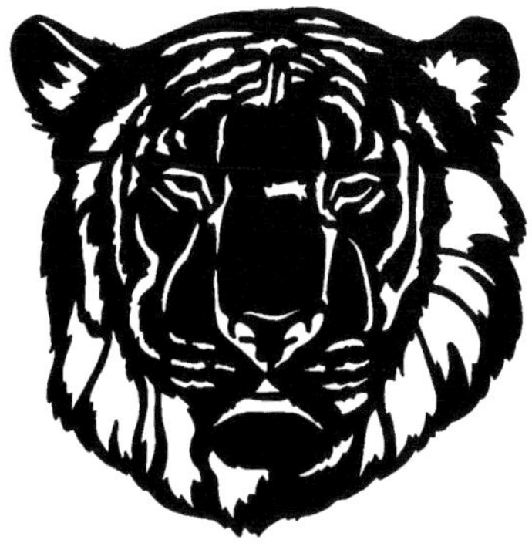

Hoheitsvoll

(Bengalischer Tiger)

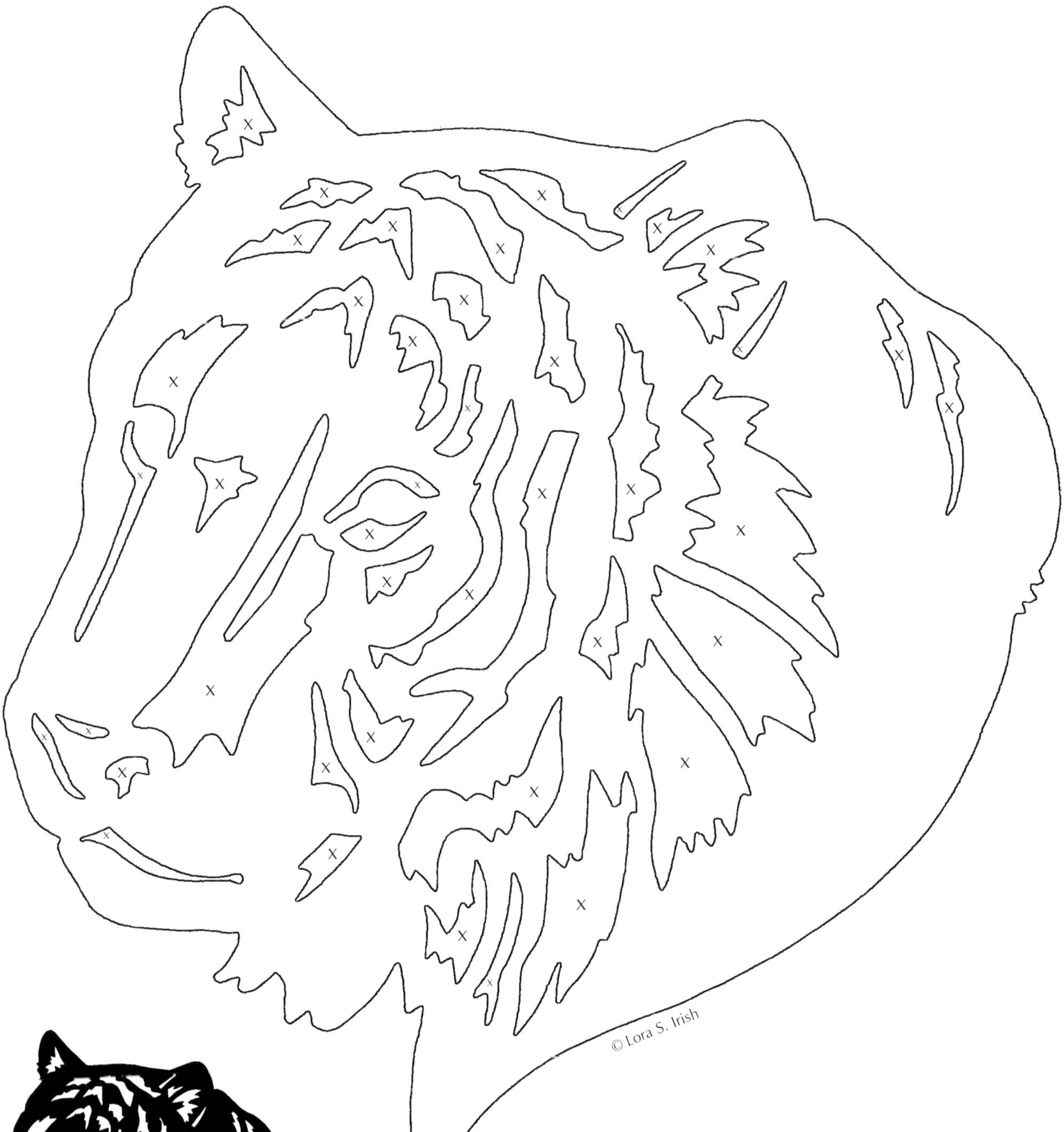

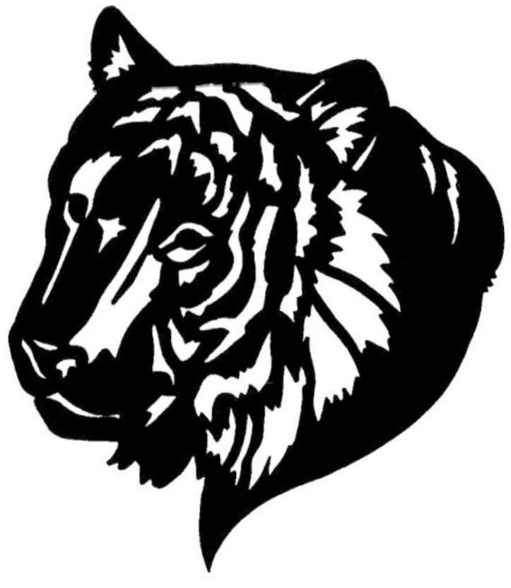

Tarnen und Täuschen

(Bengalischer Tiger)

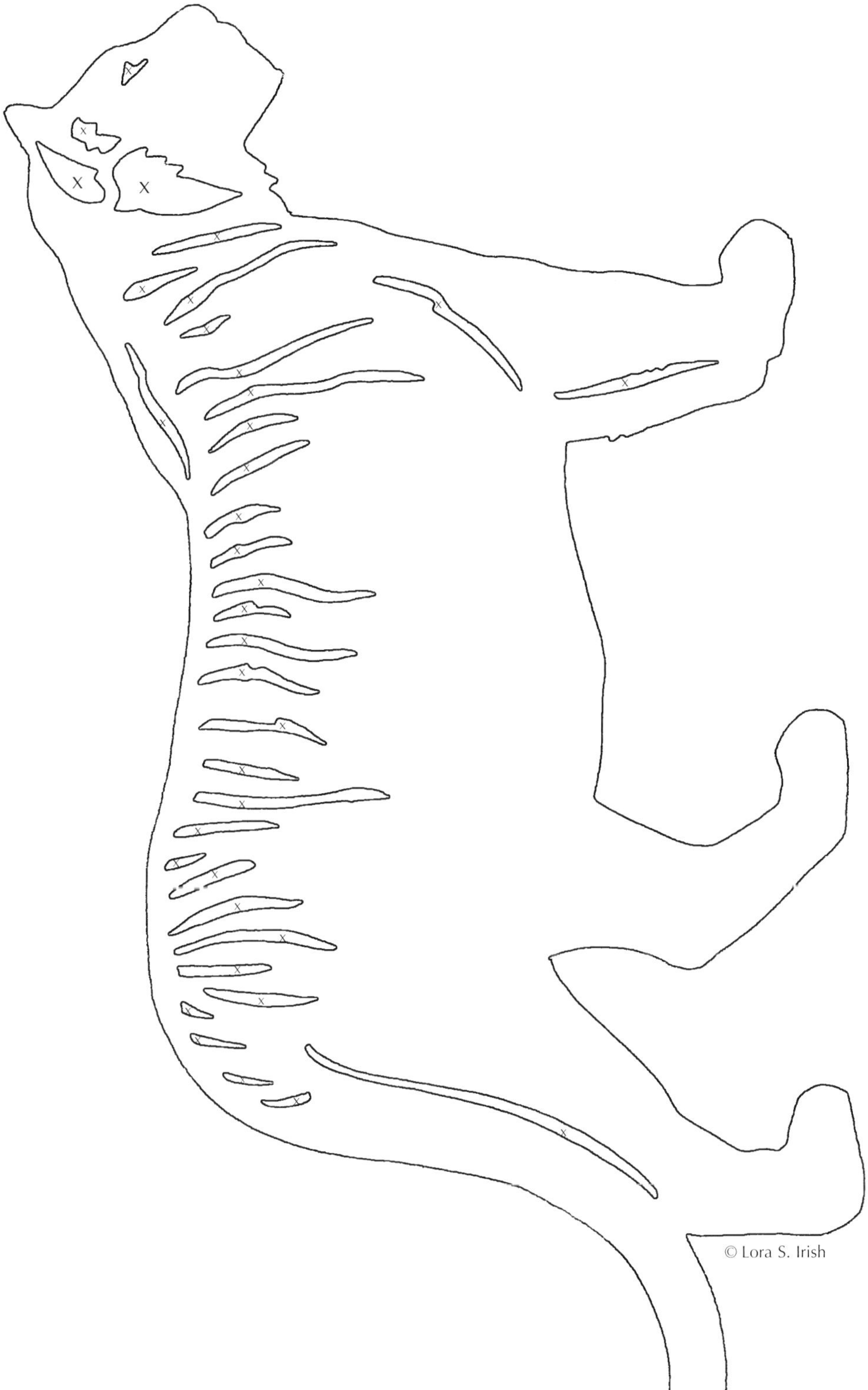

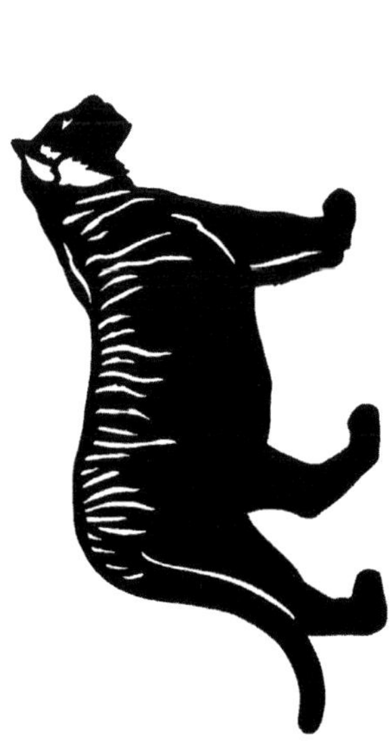

Imposant

(Walross)

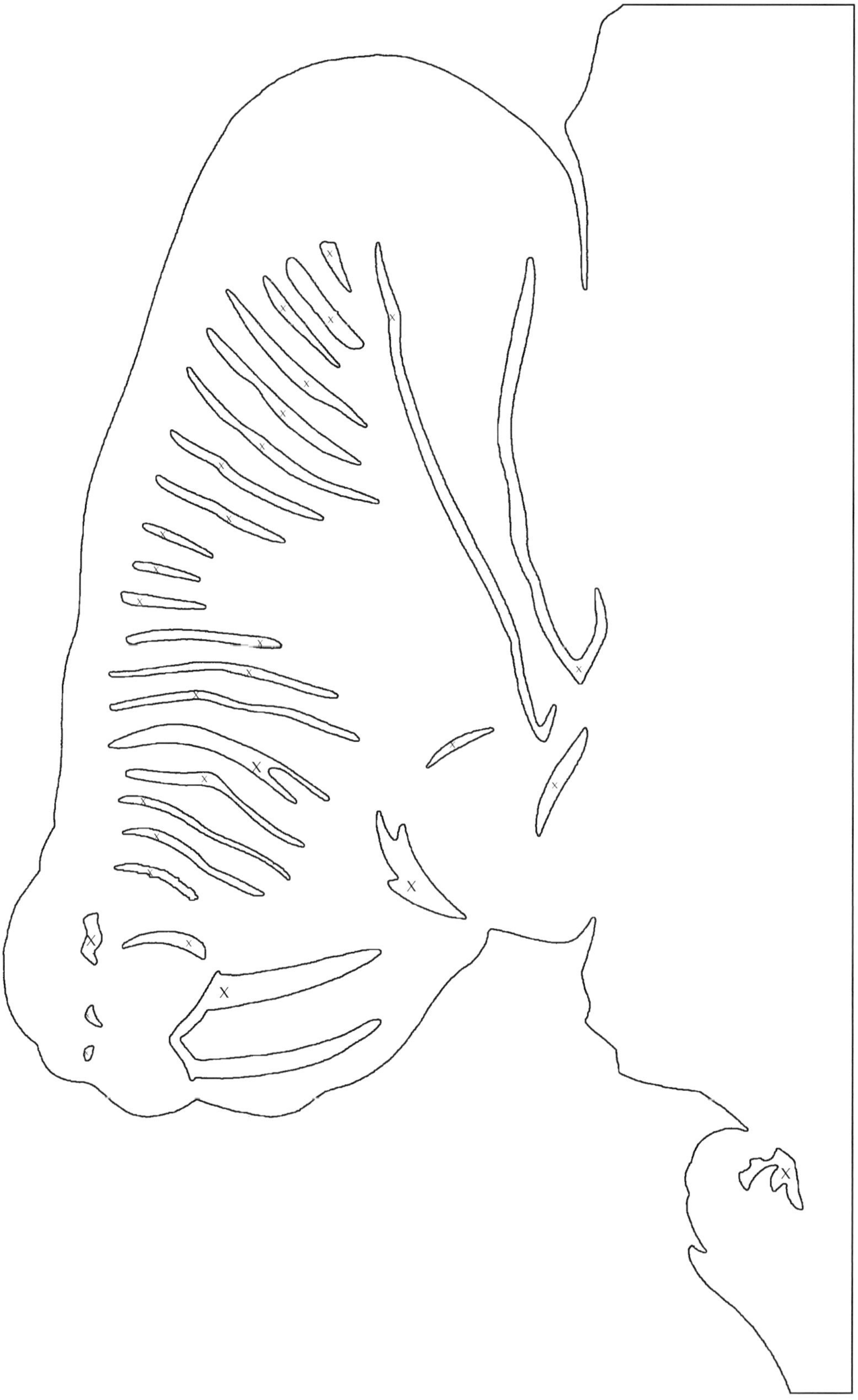

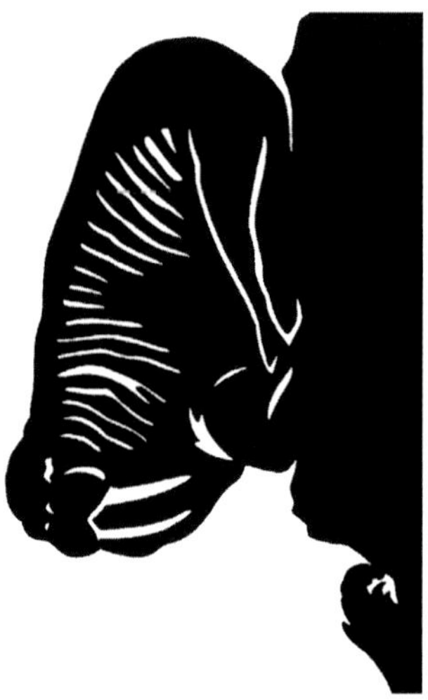

Küstenwache

(Walross)

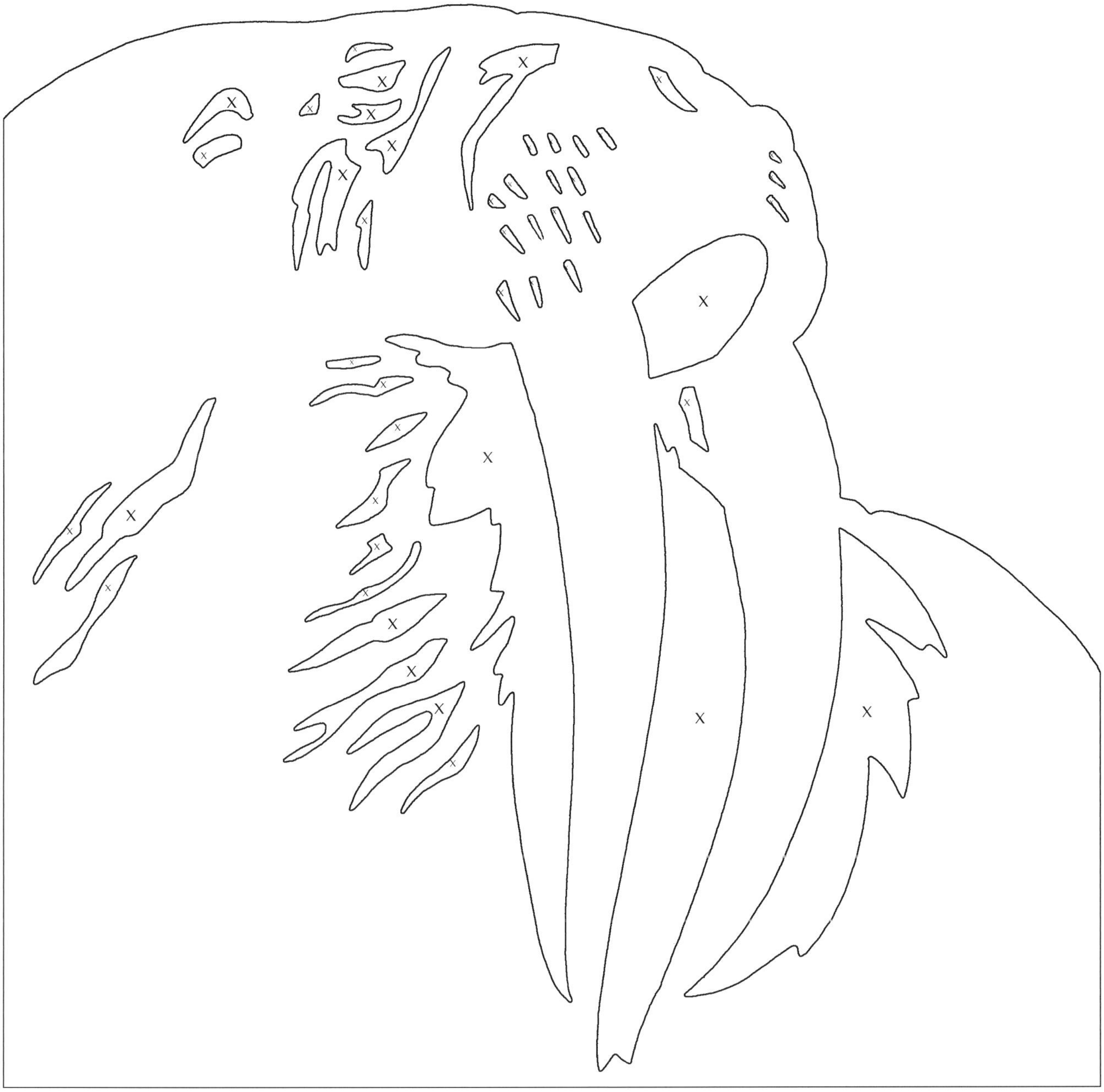

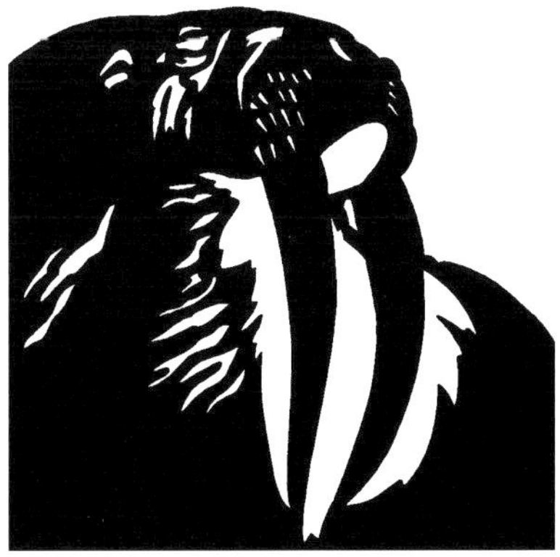

Leitbulle

(Wasserbüffel)

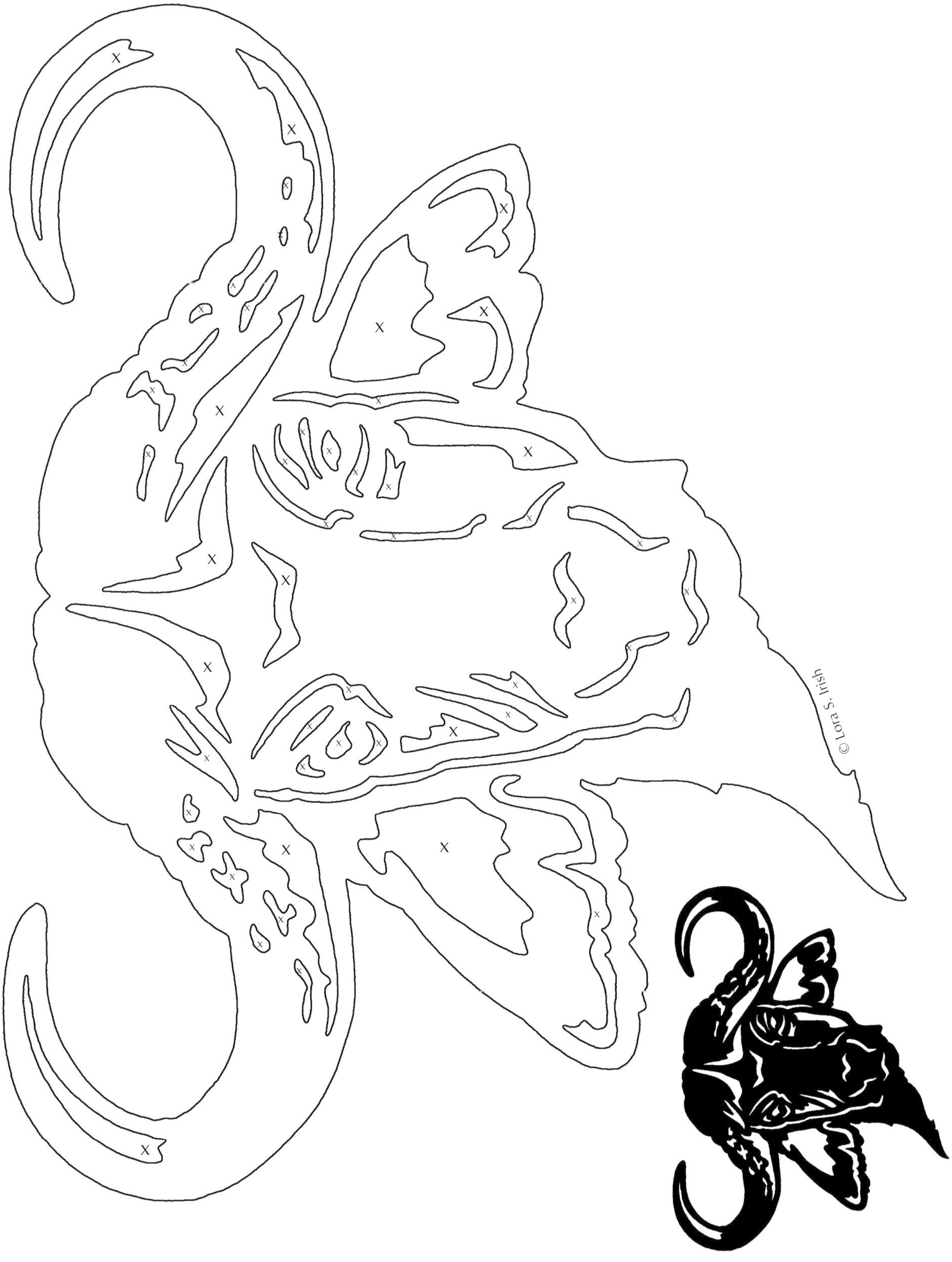

Gigant der Meere

(Grauwal)

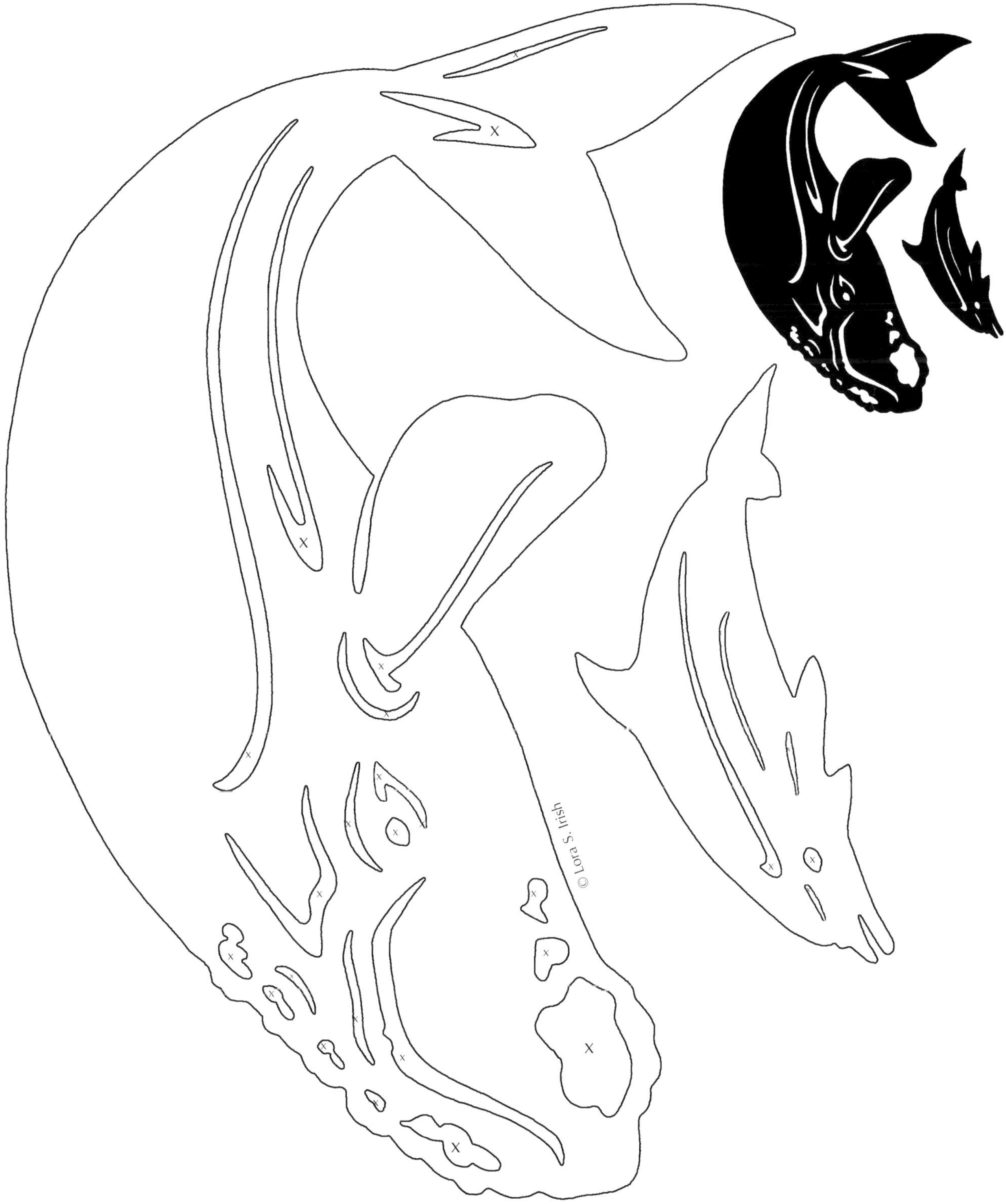

Dezent gestreift

(Zebra)

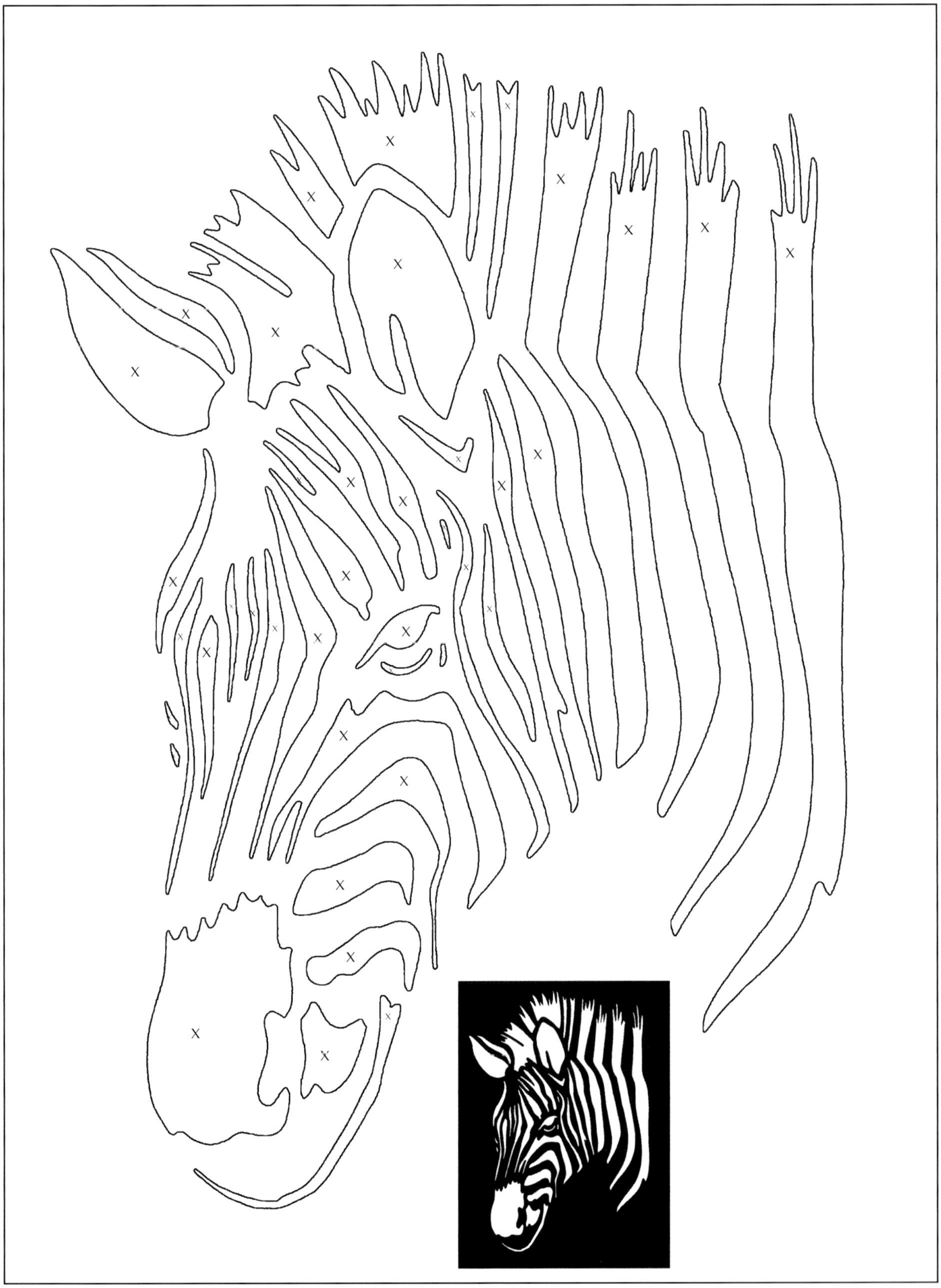

Perfekt getarnt

(Zebra)

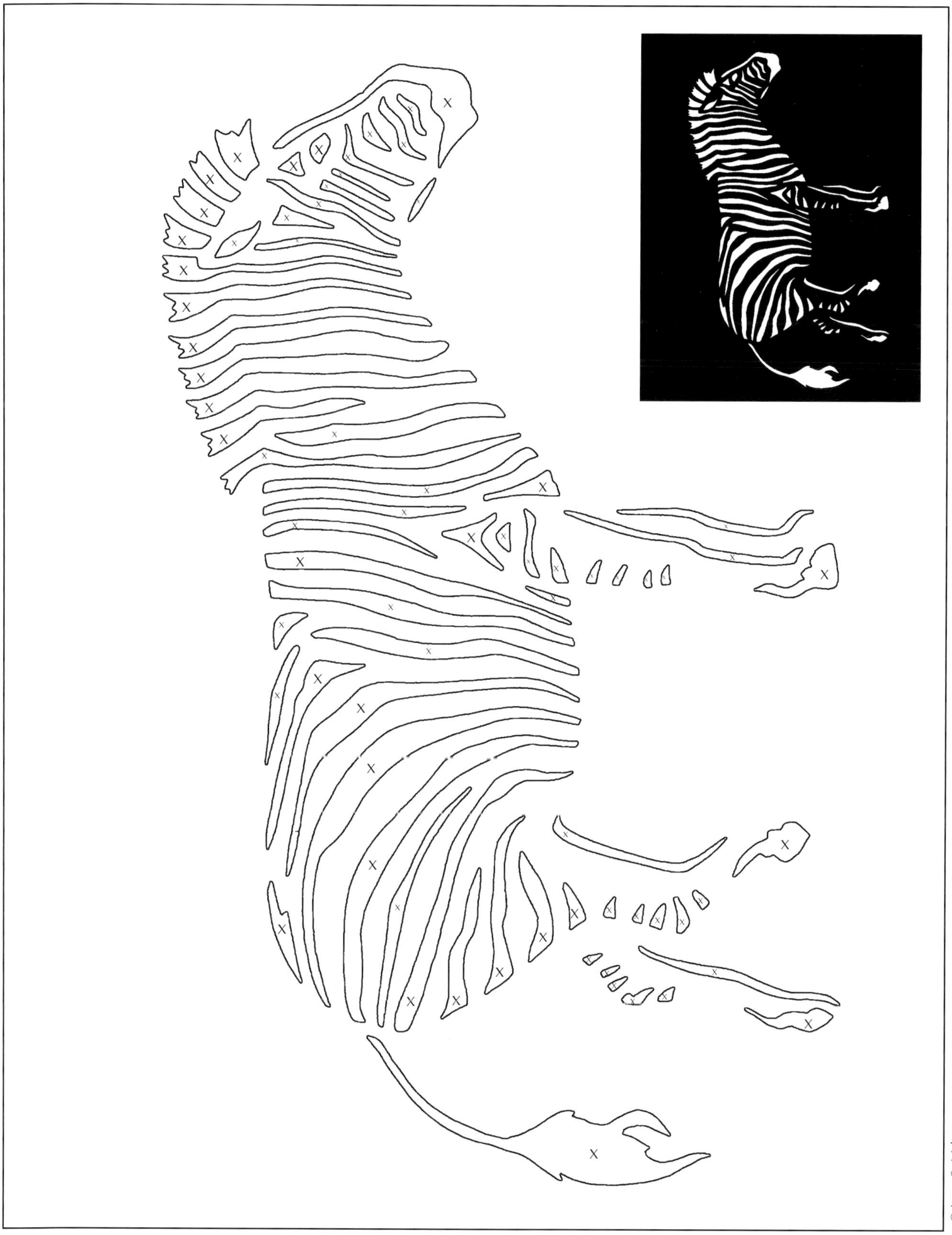

Aus unserem Programm

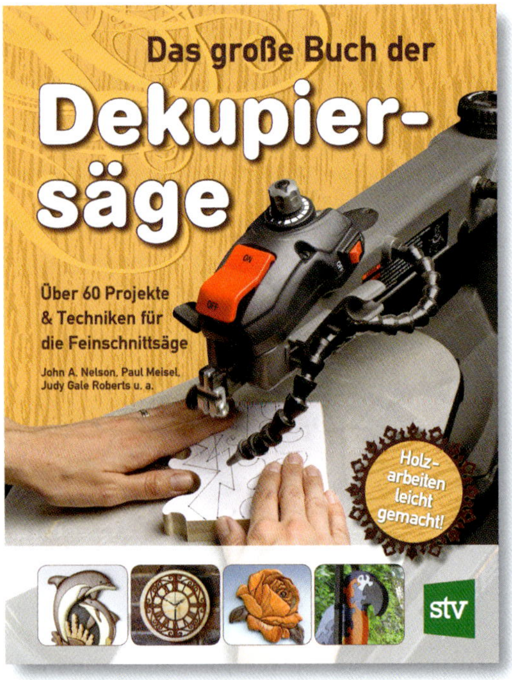

ISBN: 978-3-7020-1466-7

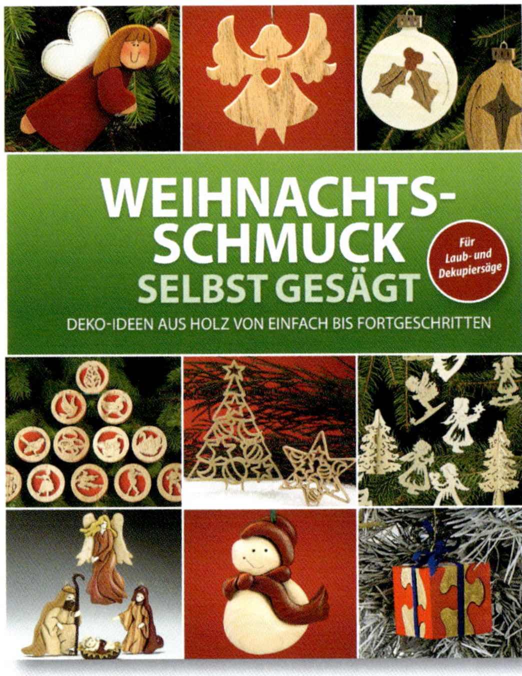

ISBN: 978-3-7020-1492-6

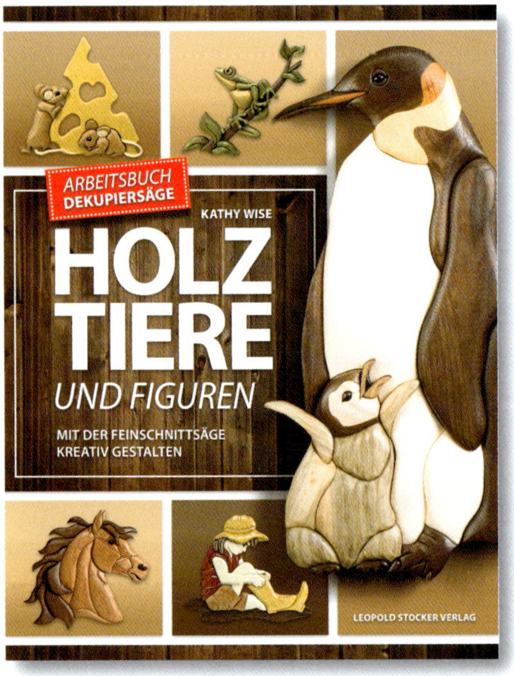

ISBN: 978-3-7020-1563-3

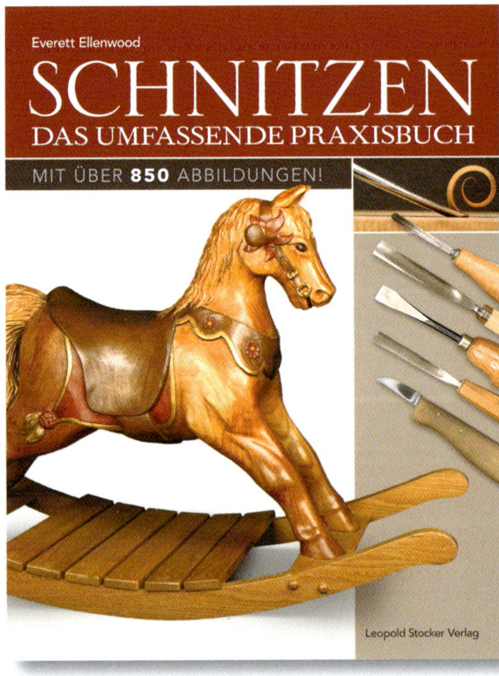

ISBN: 978-3-7020-1587-9

Leopold Stocker Verlag

www.stocker-verlag.com
Graz – Stuttgart